RESPIRAÇÃO, YOGA E AUTOCONHECIMENTO

Uma viagem pelos condutos respiratórios
em busca da expansão da consciência

Daniel Tonet

RESPIRAÇÃO, YOGA E AUTOCONHECIMENTO

Uma viagem pelos condutos respiratórios
em busca da expansão da consciência

RESPIRAÇÃO, YOGA E AUTOCONHECIMENTO
Copyright© Editora Nova Senda

Revisão: Luciana Papale
Diagramação e capa: Décio Lopes
Fotógrafa: Marcela Barreto
Modelo das fotos: Carla d'Arcanchy
1ª impressão | 2020

Dados Internacionais de Catalogação na Publicação (CIP)
Angélica Ilacqua CRB-8/7057

Respiração, Yoga e Autoconhecimento: uma viagem pelos condutos respiratórios em busca da expansão da consciência/Daniel Tonet | 1ª edição | São Paulo | Editora Nova Senda, 2020.

208 p. : il.

ISBN 978-85-66819-31-1

1. Yoga 2. Respiração 3. Autoconhecimento I. Título.

20-1156   CDD 181.45

Índices para catálogo sistemático:

1. Ioga 181.45

Proibida a reprodução total ou parcial desta obra, de qualquer forma ou por qualquer meio, seja eletrônico ou mecânico, inclusive por meio de processos xerográficos, incluindo ainda o uso da internet sem a permissão expressa da Editora Nova Senda, na pessoa de seu editor (Lei nº 9.610, de 19.02.1998).

Direitos exclusivos reservados para Editora Nova Senda.

EDITORA NOVA SENDA
Rua Jaboticabal, 698 – Vila Bertioga – São Paulo/SP
CEP 03188-001 | Tel. 11 2609-5787
contato@novasenda.com.br | www.novasenda.com.br

Observa a respiração de uma pessoa
e conhecerás as emoções que ela carrega.

Carla d'Arcanchy

Sumário

Introdução 11

I. A respiração propriamente dita (*swára*) 15

Capacidade volumétrica dos pulmões 17

Mecânica da respiração 25

Respiração completa 26

Respiração baixa 28

Respiração média 30

Respiração alta 32

Combinando todas as práticas 33

Técnicas corporais que aumentam a capacidade pulmonar 37

Superando obstáculos 47

Purificação orgânica 53

Respiração cutânea 59

Respiratórios para o dia a dia 63

Estresse 64

Concentração 65

Relax 67

Energização 68

Respiração nos esportes 71

Respiração nos ásanas 89

8 | Respiração, Yoga e Autoconhecimento

II. A expansão da bioenergia (*manasika*) 101

O que é prána 103

Alimentos 105

Água 106

Outros seres vivos 107

Ar 107

Tipos de prána 111

As nádís 115

Purificação sutil 121

Expandindo a bioenergia 127

Bandhas 143

Múla bandha 144

Aswiní bandha 144

Uddiyana bandha 145

Jalándhara bandha 147

Jíhva bandha 148

Ásanas para pránáyáma 151

Mudrás para pránáyáma 163

O livro termina, a evolução continua 167

III. Anexo 171

1. Tamas pránáyáma 172

2. Rajas pránáyáma 172

3. Adhama pránáyáma 173

4. Adhama kúmbhaka 173

5. Bandha adhama pránáyáma 174

6. Bandha adhama kúmbhaka pránáyáma 174

7. Madhyama pránáyáma 175

8. Madhyama kúmbhaka pránáyáma 175

9. Bandha madhyama pránáyáma 176

10. Bandha madhyama kúmbhaka pránáyáma 176

11. Uttama pránáyáma 177

12. Uttama kúmbhaka pránáyáma 177

13. Bandha uttama pránáyáma 178

14. Bandha uttama kúmbhaka pránáyáma...................... 178

15. Rája pránáyáma 179

16. Bandha pránáyáma 179

17. Kúmbhaka pránáyáma... 180

18. Kevala kúmbhaka pránáyáma.................................. 180

19. Bandha kúmbhaka pránáyáma................................. 181

20. Manasika pránáyáma 181

21. Báhya kúmbhaka pránáyáma................................... 182

22. Nádí shodhana pránáyáma 182

23. Nádí shodhana kúmbhaka pránáyáma...................... 183

24. Manasika nádí shodhana pránáyáma 183

25. Súrya pránáyáma... 184

26. Manasika súrya pránáyáma 184

27. Chandra pránáyáma 185

28. Manasika chandra pránáyáma................................. 185

29. Súryabheda pránáyáma 186

30. Chandrabheda pránáyáma....................................... 186

31. Súryabheda kúmbhaka 187

32. Bhastriká... 187

33. Súrya bhastriká 188

34. Chandra bhastriká... 188

35. Nádí shodhana bhastriká 189

36. Kapalabhati 189

37. Súrya kapalabhati 190

38. Chandra kapalabhati... 190

39. Nádí shodhana kapalabhati 191

40. Mantra pránáyáma.. 191

41. Omkára pránáyáma 192

42. Sopro HA 193

43. Ujjáyí pránáyáma 193

44. Shítálí pránáyáma 194

45. Shítkárí pránáyáma 194

46. Bhrámárí pránáyáma 195

47. Múrchhá pránáyáma 195

48. Plavíní pránáyáma 196

49. Sama vritti pránáyáma 196

50. Visama vritti pránáyáma 197

51. Chaturánga pránáyáma 197

52. Viloma pránáyáma 198

53. Anuloma pránáyáma 198

54. Pratiloma pránáyáma 199

55. Chakra pránáyáma 199

56. Kundaliní pránáyáma 200

57. Shiva-Shaktí pránáyáma 201

58. Tántrika pránáyáma 202

Bibliografia 203

Introdução

Enquanto lê essas palavras, você está respirando. Aliás, você faz isso há anos... desde as primeiras etapas da sua gestação. Seu choro, ao nascer, provavelmente foi provocado pela sua primeira respiração após o parto, já que o ar abriu seus pulmões, como que os rasgando. Desde então você praticamente não dedicou tempo algum para essa importante função biológica, pelo menos não de forma consciente.

A respiração é uma das únicas atividades do corpo humano que pode ser feita voluntária ou involuntariamente. Mesmo tendo o poder de respirar como, quando e o quanto bem entendermos, raríssimas são as oportunidades em que usufruímos dessa possibilidade. Mas por que será que isso acontece?

Talvez pelo estresse diário, ao qual todos estamos submetidos. Talvez por desinformação, ou ainda pela simples falta de pensar a respeito do assunto. O fato é que a grande maioria das pessoas passa praticamente a vida inteira sem sequer perceber que está respirando. E, pior que isso, um percentual muito elevado da população respira de forma precária. Muitos respiram apenas o suficiente para se manterem vivos, o que representa, definitivamente, um grande desperdício. Possuímos um sistema respiratório incrível – aliás, tanto quanto todo o nosso organismo – e devemos estar cientes disso. Essa é uma das grandes chaves para uma evolução pessoal acelerada e para uma melhor qualidade de vida: a respiração consciente.

O fato de estar lendo este livro já é um bom sinal, pois denota preocupação em tornar sua respiração mais eficiente. Talvez você seja um praticante de Yoga e provavelmente já domine a respiração completa ou está pronto para sutilizar suas percepções e maximizar a captação e a expansão da bioenergia. Mas existe também a possibilidade de você estar folheando esta obra por simples curiosidade. Nesse caso, é muito provável que sua vida se transforme daqui para frente.

Na presente obra falaremos bastante sobre como respirar mais e melhor, abordando a expansão da capacidade pulmonar e suas consequências positivas na qualidade de vida. Demonstraremos, também, a importância do *pránáyáma*[1] dentro de uma prática de Yoga. E, principalmente, teremos a oportunidade de ampliar o autoconhecimento por meio de uma série de percepções, algumas mais densas e outras que exigem maior grau de sensibilidade.

---

1. *Prána* = bioenergia; *ayáma* = expansão; *pránáyáma* = expansão da bioenergia. Isso é feito com auxílio de exercícios respiratórios associados a mentalizações. Estudaremos mais esse assunto na segunda parte do livro.

Convido-o a fazer uma viagem pelos nossos condutos respiratórios e por nossos corpos sutis. Acompanhe o fluxo do ar e da bioenergia, alimentando nossas células e nossos centros de força. Aprenda a fazer isso com um prazer intenso, com a satisfação de quem conhece a si mesmo e sabe que está se aproximando de um estado cada vez mais expandido de consciência.

Para que tudo isso se transforme em uma experiência extraordinária, sugiro que você, antes de seguir a leitura, pare por alguns instantes. Inspire profundamente e sinta o ar penetrando suas narinas e percorrendo as vias respiratórias até chegar aos pulmões. Mantenha-os cheios durante alguns instantes e expire quando sentir que é o momento certo. Faça isso quantas vezes quiser. Sem pressa.

Pronto? Agora vire a página. Que este livro nos proporcione bons momentos juntos.

Parte I

A respiração propriamente dita (swára)

Capacidade volumétrica dos pulmões

Para compreender a importância de respirarmos de maneira mais consciente, é necessária uma análise sobre a mecânica da respiração. Após a leitura deste capítulo, você terá uma percepção muito maior da necessidade de prestarmos mais atenção no simples – mas poderoso – ato de inspirar e expirar.

Nosso aparelho respiratório é composto por vários órgãos. As fossas nasais, a faringe, a laringe e a traqueia são responsáveis por captar o ar e conduzi-lo até os pulmões. Neles estão situados os brônquios, os bronquíolos e os alvéolos.

O tamanho dos pulmões, assim como o número de alvéolos, varia conforme a idade, o sexo, a estatura e até o código genético de cada indivíduo. Em média, um adulto possui algo em torno de trezentos milhões de alvéolos e 80 metros quadrados de área de superfície dos pulmões. Mas o que realmente nos interessa é quanto ar podemos processar a cada ciclo respiratório.

Segundo M. Y. Sukkar, H. A. El-Munshid e M. S. M. Ardawi, na obra *Concise Human Physiology*, a capacidade volumétrica média dos pulmões de um adulto é de 5.100 ml. No entanto, em um ciclo respiratório normal, inspiram-se 500 ml, em média. Esse é o chamado volume tidal (VT)[2], ou seja, a quantidade da combinação de gases que o ser humano inspira sem interferir conscientemente no processo.

Sim, esse número está correto. Observe que, comumente, em nosso dia a dia, utilizamos menos de 10% do que poderíamos usar de nossos pulmões. Mas o volume mencionado é uma média; o volume tidal pode variar muito ao longo do dia, dependendo da atividade que estiver sendo realizada e do estado emocional do indivíduo. Ao praticar Yoga aprendemos a explorar melhor a capacidade pulmonar. Dependendo do estágio evolutivo em que estiver, um praticante pode elevar a porcentagem de uso dos pulmões para 30% ou até 40%.

Sukkar, El-Munshid e Ardawi mencionam também o volume de reserva inspiratória (VRI)[3], a quantidade de ar que poderá ser absorvida a mais, caso o indivíduo interfira na inspiração. O VRI é, em média, 2.600 ml. Somando o volume tidal e o volume de reserva inspiratória, essa pessoa conseguirá inspirar 3.100 ml de ar, o que significa uma quantidade mais de seis vezes maior que a habitual. É claro que se trata de uma inspiração forçada, e não estamos sugerindo que alguém respire assim durante o dia todo.

---

2. No original, em inglês: TV (*tidal volume*).

3. No original, em inglês: IRV (*inspiratory reserve volume*).

Da mesma maneira, se após a expiração natural for realizado um esforço para continuar esvaziando os pulmões, essa pessoa vai conseguir eliminar aproximadamente 850 ml de ar repleto de gás carbônico, o que representará muito mais espaço para a próxima inspiração. Esse é o volume de reserva expiratória (VRE)[4], que também influencia – e muito – na capacidade pulmonar total.

O leitor mais atento, ou com mais habilidades aritméticas, pode ter percebido que a soma de VT, VRI e VRE não coincidiu com o valor apresentado como a capacidade volumétrica total dos pulmões, 5.100 ml. Isso ocorre porque o ser humano não consegue esvaziar os pulmões por completo. Sempre haverá um volume residual (VR)[5], que preserva o funcionamento saudável desses órgãos e que, em média, é de 1.150 ml. Com treino é possível reduzir esse valor, mas não de uma maneira muito significativa.

Agora sim, somando todos os valores, teremos a capacidade pulmonar total em números aproximados:

Volume tidal (VT)	500 ml
Volume de reserva inspiratória (VRI)	2.600 ml
Volume de reserva expiratória (VRE)	850 ml
Volume residual (VR)	1.150 ml
Volume total	5.100 ml

---

4. Em inglês: ERV (*expiratory reserve volume*).

5. No original, em inglês: RV (*residual volume*).

Homens e mulheres apresentam diferenças significativas nesses valores, o que se deve principalmente ao fato de os homens possuírem uma caixa torácica mais ampla. Vejamos a comparação:

	Homens	Mulheres
Volume tidal (VT)	500 ml	500 ml
Volume de reserva inspiratória (VRI)	3.300 ml	1.900 ml
Volume de reserva expiratória (VRE)	1.000 ml	700 ml
Volume residual (VR)	1.200 ml	1.100 ml
Volume total	*6.000 ml*	*4.200 ml*

Durante a execução de um *pránáyáma*, cuja definição é o domínio e a expansão da bioenergia por meio de técnicas respiratórias, um *yogin*[6] utilizará ao máximo os volumes de inspiração e expiração de reserva. Assim, no lugar dos 500 ml que uma pessoa comum utiliza em seu dia a dia, este praticante inspirará 4.000 ml de ar a cada ciclo do seu exercício. É uma diferença de 700%! Isso proporciona maior oxigenação de todas as células do corpo e, principalmente, maior oxigenação cerebral.

Tal fato, por si só, já conduz a um estado de consciência diferenciado. Mas quando aos respiratórios forem acrescidas as mentalizações, os *bandhas*[7], e outras técnicas mais adiantadas que descreveremos na Parte II deste livro, o resultado será um acelerado desenvolvimento interior,

---

6. Yogin = praticante de Yoga. Não confundir com yogi, que é o yogin que já atingiu a hiperconsciência.

7. Bandha = fecho, contração ou compressão de plexos e glândulas.

inimaginável para aqueles que ainda não praticam a metodologia que ensinamos.

Tão importante quanto utilizar todas essas ferramentas durante uma prática de Yoga é incrementar nossa forma de respirar durante todas as outras horas do dia, fora da sala de aula. De pouca valia seria passar alguns minutos desfrutando ao máximo aquilo que a natureza lhe proporcionou se você continuasse respirando de maneira medíocre enquanto estivesse trabalhando, divertindo-se, alimentando-se, dormindo ou realizando qualquer outra atividade rotineira.

Uma vez que nossa filosofia é baseada em princípios comportamentais sensoriais e desrepressores[8], devemos aperfeiçoar essa tão importante função biológica de maneira natural, descontraída e, principalmente, prazerosa. É preciso que seja feito um esforço inicial, mas sem geração de estresse. Observe algumas sugestões para você adotar na sua rotina diária.

O primeiro passo é parar tudo o que estiver fazendo e simplesmente observar a sua respiração. Faça isso várias vezes por dia. Essa pausa deve ser bem rápida, caso contrário você pode comprometer a execução de outras atividades. Poucos segundos – quinze a vinte – são suficientes. Possivelmente você vai perceber que está pior do que imagina, mas tenha ânimo e persistência, com o tempo, será cada vez menor o número de vezes que você terá de se corrigir.

---

8. Consulte o livro *Yôga, Sámkhya e Tantra*, de Sérgio Santos.

Chegará o momento em que não precisará mais desse artifício. Seu subconsciente entenderá qual é a maneira certa por meio da qual você quer que ele comande sua respiração. Mesmo quando não estiver prestando atenção nisso, estará respirando de forma mais lenta, profunda e eficiente.

Outra boa dica é executar um respiratório antes de dormir. Deite-se confortavelmente, em uma posição na qual não precise se mover mais. Caso não conheça os tipos de respiração que auxiliam a descontração, peça auxílio ao seu instrutor. Se não tiver a quem perguntar, simplesmente respire de forma ritmada, inspirando em quatro segundos e expirando em seis segundos. Concentre-se nesse ritmo – ou nas suas técnicas mais adiantadas – e em pouco tempo estará dormindo.

É muito provável que, depois de certo período de treino, você continue respirando da mesma maneira que estava fazendo pouco antes de dormir, pelo menos nos primeiros minutos. Depois desses instantes iniciais, a respiração pode variar. Isso é normal, pois são vários os fatores que interferem no nosso sono. Caso seja possível, peça para alguém verificar se você está conseguindo resultados satisfatórios no meio da noite.

Outro método que pode tornar sua respiração automática mais eficiente é aproveitar os momentos em que estiver caminhando. Apenas combine os movimentos de inspiração e expiração com o ritmo de seus passos. Por exemplo, inspire contando três passos e expire contando outros três. Depois de percorrer um pequeno trecho, não será mais preciso contar. O ritmo escolhido será mantido sem qualquer esforço.

Uma coisa é certa: em todas as sugestões propostas é necessário boa dose de empenho e muita prática; os resultados serão surpreendentes.

Manter a respiração mais consciente durante as vinte e quatro horas do dia não é o único diferencial daqueles que praticam o Yoga. Uma série de técnicas e de ferramentas que serão explicadas nos capítulos seguintes tornará possível o aumento da capacidade pulmonar total, e um consequente e proporcional aumento no volume tidal. Com mais conhecimento sobre a mecânica respiratória e sobre a utilização de técnicas orgânicas e de exercícios de purificação seremos capazes de aumentar o tamanho dos pulmões e de maximizar o aproveitamento deles. Ou seja: maior quantidade de ar com menos esforço.

Mas por que aumentar a capacidade pulmonar? Por que não podemos respirar simplesmente como a grande maioria das pessoas?

Ao respirar, captamos bioenergia, que pode ser definida, de maneira simples, como qualquer tipo de energia manifestada biologicamente. É a energia responsável pela vida. Aumentando a capacidade pulmonar, estaremos ampliando a capacidade de absorção de bioenergia e, consequentemente, conquistaremos um grande acréscimo de vitalidade.

O objetivo maior da nossa filosofia é a conquista do estado de hiperconsciência, algo que só o Yoga proporciona. Esse estado de consciência é obtido por meio de um processo de despertar e ascensão de uma colossal força energética que todos temos na base da coluna. Ao bombearmos maior quantidade de bioenergia para dentro do nosso organismo, estamos aumentando a energia interna e, por conseguinte, tornando mais fácil o trabalho com esse poder interior.

Além desse resultado, que requer um prazo mais longo para ser alcançado, a expansão da capacidade respiratória oferece, já nas primeiras práticas, melhor rendimento nos esportes, nos estudos, no trabalho e até na sexualidade. Tudo isso como consequência natural do acúmulo do prána. Trata-se de uma cota extra de energia para ser utilizada como e quando você bem entender.

Mecânica da respiração

Nossa respiração é impulsionada por um processo muito simples. Para inspirarmos, aumentamos o tamanho da caixa torácica e, portanto, diminuímos a sua pressão interna, ou pressão intra-alveolar (PI). Na exalação, o tamanho diminui e a pressão aumenta, tornando-se superior à atmosférica (PA).

Com auxílio de conceitos elementares da física, é fácil deduzir que quando a pressão interna se torna menor do que a externa, o ar entra. Quando essa relação se inverte, o ar que estava repleto de oxigênio (O_2) é expelido, levando consigo o gás carbônico (CO_2).

A grande questão é entendermos como se consegue a expansão e a retração da caixa torácica. Assim poderemos aumentar a amplitude do movimento e, consequentemente, incrementar todo o processo respiratório, já que queremos mais ar com menos esforço.

Os pulmões são órgãos passivos, ou seja, não possuem uma estrutura que lhes permita movimento independentemente de ações externas. Na verdade, eles são formados por tecidos extremamente elásticos, que acompanham o movimento do meio em que estão situados. Os grandes responsáveis pela expansão e pela retração desses órgãos são o diafragma; os músculos abdominais, intercostais (subdivididos em externos, internos e íntimos), subcostais, esternocostal (também conhecido como transverso do tórax) e alguns outros de menor importância.

O objetivo deste capítulo é mostrar como funciona cada um dos principais músculos envolvidos naquela que é uma das funções biológicas mais indispensáveis para o bom funcionamento do organismo. Com isso, poderemos aplicar métodos práticos para treinar toda essa musculatura, proporcionando mais força, resistência e coordenação. O resultado? Um expressivo aumento na sua capacidade pulmonar.

Respiração completa

Na antiguidade, mesmo sem muito conhecimento científico sobre a anatomia humana, mestres e estudiosos desenvolveram um método respiratório extremamente eficiente. Adeptos de uma filosofia prática de vida denominada União, ou Integração (em sânscrito, Yoga), esses grandes homens possuíam excelente consciência corporal e uma percepção aguçada do funcionamento interno de seus corpos.

Possivelmente, as descobertas tenham sido facilitadas pela ausência de material científico sobre o tema, que muitas vezes acaba nos intoxicando com paradigmas que se tornam sedimentados ao longo do tempo. Estamos falando de um período remoto, há mais de cinco mil anos.

Naquela época, para estudar melhores formas de captar bioenergia por meio da respiração, os sábios fechavam os olhos e olhavam para dentro de si mesmos. A verdade é que o autoestudo, ou *swádhyáya*, mostrou-se muito eficiente no que diz respeito à evolução do ser humano em todos os aspectos, inclusive na respiração.

E foram esses mestres que desenvolveram uma técnica chamada *rája pránáyáma* ou *prána kriyá*, identificada como respiração completa. A técnica pode ser descrita da seguinte maneira:

↑ **Inspiração (*púraka*):** comece a respiração pela parte baixa, dilatando o abdômen. Em seguida, continue inspirando afastando lateralmente as costelas e preenchendo a parte média dos pulmões. Por último, projete a parte alta do tórax para frente e para cima.

○ **Retenção com ar (*kúmbhaka*):** mantenha o ar nos pulmões por alguns instantes, até sentir a necessidade de expirar.

↓ **Expiração (*rechaka*):** esvazie primeiro a parte alta dos pulmões, retraindo o tórax. Na sequência, a parte média, reaproximando as costelas. Finalmente, contraia o abdômen esvaziando também a parte baixa.

✕ **Retenção sem ar (*shúnyaka*):** opcional.

Essa respiração consiste em aproveitar ao máximo a capacidade volumétrica dos pulmões, maximizando a expansão da caixa torácica durante a inspiração e sua retração na expiração. Para a conquista efetiva dessa técnica, são exigidos muitos esforços, muita dedicação e certo tempo de treinamento.

28 | Respiração, Yoga e Autoconhecimento

Sugerimos que inicie treinando separadamente, dando foco a cada uma das três fases da inspiração. Isso vai lhe proporcionar maior consciência e destreza em cada etapa, o que, sem sombra de dúvida, vai fazer com que o conjunto fique muito mais eficiente, e assim, os resultados serão conquistados com maior rapidez. Resista à tentação de pular etapas e passar logo aos exercícios mais adiantados. Tudo aquilo que pode parecer desnecessário ou pouco importante no presente pode se tornar um grande obstáculo no futuro, caso o ego hipertrofiado do praticante insista em ignorar os alicerces para uma boa prática.

Respiração baixa

Comece seu treino para a utilização plena de sua capacidade pulmonar executando a respiração abdominal. No Yoga, quando combinamos essa técnica com a mentalização da absorção de bioenergia, o respiratório passa a ser chamado de *adhama pránáyáma*. Como a proposta deste capítulo é abordar apenas a mecânica da respiração, vou deixar as explicações sobre *pránáyámas* para a segunda parte do livro. No momento, serão descritos apenas os respiratórios.

Sente-se em uma posição firme e confortável, com as pernas cruzadas e a coluna ereta. A cabeça deve estar no prolongamento da coluna vertebral e os ombros descontraídos. Inspire expandindo a parte baixa dos pulmões, projetando a barriga para fora com auxílio da musculatura abdominal. Esse movimento fará com que o ar penetre seus condutos respiratórios e se aloje nos alvéolos situados na região inferior dos pulmões.

Ao realizar essa expansão, seu diafragma também será contraído e projetado para baixo, o que contribuirá para aumentar ainda mais a diferença entre as pressões alveolar e atmosférica. Caso você tenha feito uma expiração eficiente antes de iniciar o respiratório, vai conseguir inspirar uma quantidade de ar surpreendente, que representa quase 60% da capacidade volumétrica dos seus pulmões.

Você já viu um recém-nascido respirando? É exatamente assim que ele faz. Até os sete anos de vida, as costelas ainda estão progressivamente adquirindo sua obliquidade. Portanto, a criança conta quase que exclusivamente com o diafragma e a musculatura abdominal para conseguir respirar de forma satisfatória. Quando o movimento de expansão das costelas se torna mais fácil, é comum uma acomodação. Para continuar absorvendo quantidades similares de ar, já não é necessária a utilização da musculatura abdominal.

O problema é que em vez de associar a respiração baixa às demais, a maior parcela da população simplesmente a substitui, deixando, assim, de contar com um enorme potencial para tornar suas trocas gasosas – e a consequente purificação do organismo – mais eficientes.

De volta à nossa técnica, lembre-se de que tão importante quanto uma inspiração profunda, é esvaziar ao máximo os pulmões. Caso contrário, você contará com uma disponibilidade volumétrica muito reduzida para o próximo ciclo.

Depois de reter o ar durante alguns segundos – é o seu conforto que determinará quanto tempo deve durar a retenção –, expire contraindo o abdômen. Esse movimento auxiliará o diafragma a aumentar a pressão alveolar e, consequentemente, permitirá expelir o máximo possível da mistura repleta de gás carbônico que agora deve ser devolvida ao ambiente.

Perceba que respirar dessa maneira é muito fácil e também muito prazeroso. Mesmo que você se atrapalhe um pouco nos primeiros ciclos – afinal de contas é bem possível que você não respire assim há anos –, em pouco tempo isso se tornará muito natural. Treine. Pratique. Faça e repita muitas vezes. Procure perceber exatamente quais músculos estão trabalhando. Sinta o abdômen e o diafragma. Somente quando tiver conquistado máxima consciência, passe à próxima etapa.

Respiração média

O segundo estágio para a conquista da respiração completa é a respiração média, que consiste em afastar lateralmente as costelas de maneira que permita uma melhor expansão dos pulmões nesse mesmo sentido. É talvez o movimento mais difícil de ser coordenado a ponto de produzir resultados satisfatórios, mas tenha em mente que o esforço vai valer a pena. Utilizada de maneira eficiente, a parte média dos pulmões pode ser responsável por aproximadamente 30% do volume total que você é capaz de inspirar.

Essa técnica costuma ser mais fácil para as mulheres. Isso porque a sábia natureza previu que no período de gravidez a respiração abdominal ficaria seriamente comprometida; portanto, proporcionou a elas maior flexibilidade nas cartilagens e nas articulações da caixa torácica. Se você for mulher, aproveite essa dádiva e amplie ainda mais a expansão lateral da parte média dos pulmões. E que isso não sirva de desculpas para os homens se acomodarem e deixarem de praticar esse tipo de respiração.

Durante alguns instantes, esqueça a respiração abdominal. Concentre-se apenas nas costelas situadas logo abaixo do peito. Inspire, afastando-as lateralmente, e quando for expirar, reaproxime-as. Fique atento para não mover o abdômen ou a parte alta do tórax.

Caso esse tipo de movimento seja difícil para você, auxilie com as mãos, apoiando-as sobre as costelas com os pulmões vazios. Nesse ponto, seus dedos médios devem estar se tocando. Quando inspirar, empurre as costelas para fora, fazendo um movimento lateral até afastar bastante os dedos que estavam unidos. Na exalação, reaproxime-os. Observe a ilustração a seguir para entender melhor o que está sendo proposto.

Identifique a musculatura envolvida no processo. Perceba os músculos intercostais internos e íntimos puxando as costelas. Entenda que elas têm a forma oblíqua exatamente para facilitar essa movimentação. Feche os olhos e observe o que está acontecendo lá dentro. É como se pudesse ver seus pulmões se inflando. Executando a técnica sem pressa e sem ansiedade, você vivenciará uma experiência fascinante.

Respiração alta

Já estamos quase lá! Chegamos à parte alta dos pulmões. Essa é uma região muito utilizada pela maioria das pessoas, e isso não é ruim. O problema é quando se utilizam quase exclusivamente os alvéolos situados no topo dos pulmões, o que é muito comum em pessoas com altos níveis de estresse e de ansiedade.

Nesse ponto já estamos com aproximadamente 90% da nossa capacidade pulmonar preenchida. Apesar de restarem apenas cerca de 10% do volume total de ar que podemos inspirar, não existe motivo algum para deixar de aproveitar ao máximo essa última etapa, até porque ela é a que exige menos esforço da musculatura e é a mais fácil de se executar. Se queremos incrementar a oxigenação sanguínea e otimizar a respiração, devemos sim dar muita importância a qualquer técnica que possa somar ao resultado final alguns milímetros cúbicos de ar.

Momentaneamente, deixe de lado a musculatura abdominal e a movimentação lateral da caixa torácica. Concentre-se apenas na parte alta do tórax e perceba como as costelas superiores são puxadas para cima durante a inspiração. Trata-se de um movimento muito natural, produzido principalmente pelos músculos intercostais externos. Agora, preocupe-se em exercitar esses músculos e ampliar o movimento. Dedique-se tanto na inspiração quanto na expiração, quando você deverá descontrair toda a região superior do tórax e permitir que ela retorne à posição de descanso.

Assim como nossos braços e pernas ganham mais força, resistência e flexibilidade quando solicitados constantemente, o mesmo ocorre com os músculos e articulações envolvidos no ato de respirar. Quanto mais você se empenhar, melhores serão os resultados.

Combinando todas as práticas

Pronto, agora vem a melhor parte! Se você já domina as respirações baixa, média e alta individualmente, está apto a se aventurar na respiração completa. Basta combiná-las e fazer com que uma complemente a outra.

Na inspiração, comece pela região baixa e siga em direção à parte mais alta do tórax, passando pela parte média. Quando for expirar, o sentido deverá ser o inverso. Para não esquecer mais, pense em um copo d'água[9], quando você for preenchê-lo, obviamente o líquido se alojará na base do copo e só então começará a encher o restante. E quando for beber a água? É claro que vai ingerir primeiro a porção que estiver mais próxima à borda. Simples, não é?

---

9. Essa metáfora foi feita há muitos anos em uma das aulas com o Prof. Gustavo Marson. Desde então ela tem sido muito útil para transmitir esse precioso ensinamento aos alunos iniciantes de maneira absolutamente clara... cristalina como a água.

Bom, se você já sabe como trabalhar separadamente cada parte dos seus pulmões, e já sabe em qual sentido deve preenchê-las ou esvaziá-las, agora basta combinar cada uma dessas etapas, de maneira que consiga uma respiração absolutamente fluida.

Apesar de efetuarmos a divisão dos pulmões, por uma questão didática, você não precisa fazer qualquer intervalo entre o preenchimento de uma região e outra. Na verdade, não precisa sequer delimitar onde, por exemplo, termina a parte baixa e começa a média. Basta que você já tenha treinado por tempo suficiente e, principalmente, que tenha consciência para utilizar as três partes.

Quanto melhor a respiração, mais discreta ela será. Alguém que o observe respirando não deverá notar qualquer esforço. Afinal de contas, é imprescindível que isso seja feito de maneira natural e prazerosa. Uma respiração forçada, além de desconfortável, possivelmente consumirá mais energia do que ela própria consegue bombear para dentro do seu corpo. Ao invés de conseguir um *superávit* energético, você provavelmente passará a acumular um *déficit* que comprometerá sua vitalidade.

Agora coloque o que você aprendeu em prática. Assuma consigo mesmo o compromisso de utilizar essa respiração extremamente eficiente durante as vinte e quatro horas dos seus dias. É possível que leve certo tempo para que incorpore esse hábito à sua rotina, mas tenho certeza de que conseguirá.

Uma sugestão para atingir esse patamar é observar seu dia a dia, tomar consciência de quais são os tipos de atividade que o compõem e então programar-se para aplicar a respiração completa em cada uma dessas atividades. O que você normalmente faz pela manhã? Uma caminhada? Um passeio com o cachorro? Verifica seus e-mails? Talvez corra direto para o trabalho sem ao menos tomar o café da manhã. E à tarde? E à noite? Programe-se para aplicar o respiratório mencionado em cada uma de suas atividades. Por exemplo: "sempre que entrar no meu carro, utilizarei a respiração completa". Agora, acrescente outra programação: "a primeira coisa que farei quando chegar ao escritório será combinar a utilização das partes baixa, média e alta dos pulmões". Ou ainda: "a cada telefonema recebido, farei uma nova verificação da respiração".

Se sentir dificuldade em aplicar tudo isso simultaneamente, não tem problemas, faça aos poucos. Comece com aquilo que você considera mais simples, depois, acrescente mais uma ou duas programações. Você vai notar que poucos dias serão suficientes para que assimile cada etapa. Continue progredindo, até que certo dia vai estar respirando de maneira eficiente o dia inteiro. E a noite também.

E quando já tiver dominado essa arte, esforce-se para melhorá-la dia após dia. Evite qualquer tipo de acomodação, pois a filosofia que professamos tem aversão ao comodismo. É preciso evoluir... sempre!

É exatamente por isso que não nos contentamos em utilizar ao máximo a capacidade respiratória que a natureza nos ofereceu. Em vez de simplesmente curtirmos toda a satisfação que o uso mais amplo dos pulmões nos proporciona, vamos trabalhar para aumentar ainda mais o volume de ar armazenado nesses órgãos.

Antes de passarmos a esse assunto, farei uma recomendação. Para a conquista de uma respiração completa e eficiente, assim como a de muitas outras técnicas que já foram e que ainda serão abordadas neste livro, é importante contar com o auxílio de um instrutor formado e devidamente certificado. Com o acompanhamento de um profissional, o iniciante tem amplas condições de aprender tudo o que foi explanado sobre a mecânica respiratória em alguns poucos minutos da sua primeira aula e ainda com a certeza de estar executando tudo da maneira mais correta.

Isso não quer dizer que o aprendizado sem o instrutor seja inviável. Pelo menos não para essas técnicas mais elementares. Mas é indiscutível que se torna mais difícil na maioria dos casos. Não apenas pela compreensão das técnicas, mas também porque um praticante sozinho precisa de mais disciplina para não pular etapas. A prática em grupo constitui um grande estímulo à evolução.

Técnicas corporais que aumentam a capacidade pulmonar

Ásanas (pronuncia-se "ássanas") são as técnicas corporais do Yoga que remetem à força, ao alongamento, à flexibilidade, à estabilidade, etc. Segundo Pátañjali[10], ásana é toda posição que é firme e confortável. Uma frase atribuída a Shiva, o criador mitológico do Yoga, diz que existem tantos ásanas quanto seres vivos no mundo.

Tais definições, exatamente por serem tão amplas e genéricas, permitem-nos compreender que são incontáveis as técnicas corporais que podem receber o nome de *ásana*. Portanto, são incalculáveis também as possibilidades de utilização de tais recursos para interferirmos positivamente na respiração. Sendo assim, vou abordar apenas as principais e contarei com a autossuficiência do leitor para

---

10. Pátañjali Maharaj foi um grande sábio que viveu provavelmente no século 3 a.C.. Ele foi o codificador do Yoga Clássico e autor da célebre obra *Yoga Sútra de Pátañjali*.

se aprofundar no tema. A partir do que for explanado na sequência, será perfeitamente possível, para qualquer praticante que já possua um mínimo de consciência corporal, descobrir outras formas similares de uso das técnicas corporais, para, então, aumentar a capacidade pulmonar.

Assim como os *pránáyámas* interferem positivamente nos ásanas, as técnicas corporais também favorecem a respiração e a consequente expansão da bioenergia. Aliás, essa relação de interdependência pode ser observada em praticamente todos os feixes de técnicas do Yoga.

Quando o praticante mergulha em uma prática, ele nunca está apenas respirando ou fortalecendo certos grupos musculares. Ele mergulha em uma experiência de expansão da consciência, incluindo todas as suas funções biológicas, sejam elas densas, sejam elas mais sutis. Embora um iniciante possa ter certa dificuldade para se concentrar em executar uma técnica orgânica da maneira adequada e associar uma respiração compatível com o exercício, em pouco tempo ele desenvolverá um maior conhecimento sobre si mesmo e será capaz de associar não apenas duas, mas várias técnicas de uma única vez.

Ao atingir esse nível, qualquer procedimento executado pelo praticante irá, de uma forma ou de outra, beneficiar a sua respiração. Basta que se mantenha a consciência nela. E é por meio dessa consciência que se torna possível perceber quais ásanas atuam direta e decisivamente na capacidade pulmonar.

Tratemos então de relacionar alguns exemplos de técnicas corporais e suas influências no volume de ar captado a cada inspiração. Lembre-se de que é importante que você execute sempre uma série balanceada de ásanas.

Para um balanceamento correto, utilizamos três critérios que são somados um ao outro e se acumulam. O primeiro leva em conta o equilíbrio vertebral e a movimentação espinal. Isso quer dizer que uma prática balanceada de ásanas deve conter pelo menos seis técnicas corporais: equilíbrio e flexão lateral, torção, flexão, extensão e tração da coluna. O segundo critério baseia-se na influência da força da gravidade sobre a circulação sanguínea. Devem ser executados inicialmente um ou mais ásanas em pé (plano alto), depois uma ou mais posições sentadas (plano médio), uma ou mais técnicas deitadas (plano baixo), e só então a invertida. O último critério faz o balanceamento entre fortalecimento e alongamento dos principais grandes grupos musculares: membros inferiores, músculos abdominais, músculos peitorais e musculatura das costas.

As sugestões a seguir são apenas para que você tenha mais consciência de como é possível interferir na capacidade pulmonar. Se esse for seu objetivo, você poderá aumentar, durante suas práticas, o número de técnicas como as que serão descritas, mas lembrando sempre de utilizar o bom senso para não cometer excessos.

Se desejamos incrementar nossa respiração abdominal (*adhama pránáyáma*), precisamos atuar de duas maneiras distintas na musculatura dessa região. É necessário aumentar o alongamento das fibras musculares para conseguirmos uma maior dilatação e, consequentemente, maior expansão dos pulmões. É preciso também incrementar a força muscular, já que sabemos da importância de contrairmos a região abdominal para expelir todo – ou quase todo – o ar que inspiramos.

São vários os ásanas que atuam nos músculos do abdômen, mas permita-me eleger um em especial: o *chakrásana*. Trata-se de uma técnica catalogada como extensão da coluna e que consiste em manter um arco com o corpo, de costas para o solo, apenas com apoio nas mãos e nos pés. Existem diversas formas para se chegar a essa posição, a mais simples de todas é deitar-se em decúbito dorsal, com os joelhos flexionados e as solas dos pés tocando o solo; as palmas das mãos posicionam-se ao lado da cabeça, com os dedos apontando para os pés e os cotovelos para cima; utilizando a força das pernas, costas e braços, eleva-se o tronco, projetando os quadris para cima. É importante que a cabeça seja a primeira a sair do solo e a última a retornar. Pode-se executar a posição mantendo-se apoiado apenas nas pontas dos pés e das mãos.

A partir da percepção do alongamento das fibras musculares durante a execução do *chakrásana*, você poderá descobrir uma quantidade enorme de outras técnicas que atuam praticamente da mesma forma, no mesmo local. Coloque seu abdômen para trabalhar!

Importante: as extensões da coluna devem ser sempre compensadas imediatamente com flexões. Lembre-se sempre de respeitar os limites do seu corpo, evitando se aventurar em técnicas que estejam acima da sua capacidade. Jamais force sua coluna e utilize sempre o bom senso para executar apenas aquilo que lhe proporciona conforto e satisfação.

Se o intuito é fortalecer a região abdominal, sugerimos o *vajrolyásana* e todas as suas variações, pois trata-se de uma família de técnicas muito simples que, a partir de certa permanência, proporciona resultados surpreendentes. Para executar a forma básica, sente-se apoiando as pontas dos dedos das mãos no solo, pouco à frente dos quadris, e eleve as pernas unidas, sem flexionar os joelhos, até que os pés ultrapassem a altura da cabeça. Tombe o tronco ligeiramente para trás e deixe a coluna sempre estendida. Evite tensionar o pescoço e mantenha a fisionomia descontraída. Pronto, agora permaneça nessa posição o maior tempo que o conforto permitir. É muito normal que as pernas ou o abdômen comecem a tremer. Não se importe com isso. Depois de algum tempo de prática os tremores desaparecem e suas permanências serão cada vez maiores.

Para os alunos que contam com o acompanhamento de um instrutor, deixamos um exercício: que tal descobrirem vocês mesmos outras técnicas que atuem na região do abdômen? Com certeza um número enorme de ásanas virão de encontro ao que você está buscando. Confira com seu instrutor se suas escolhas foram bem-feitas e se você já está em condições de executar as técnicas selecionadas.

Para conquistarmos maior amplitude na movimentação lateral da musculatura intercostal, há inúmeros ásanas. Veja, como exemplo, um dos mais eficientes: o *natashíra vajrásana*, no qual apoia-se os joelhos no chão com uma distância correta para que eles fiquem no alinhamento dos ombros. Procure um piso macio ou um colchonete para não machucar os joelhos. As pernas e os pés também tocam o solo, formando um ângulo reto com as coxas e apontando para trás. A partir da verticalidade, faça uma extensão da coluna, curvando-a e mantendo as mãos atrás da cabeça. Os glúteos ficam contraídos, para proteger a região lombar.

O importante aqui é afastar bem os cotovelos um do outro, direcionando-os para baixo, mas sempre mantendo os dedos das mãos entrelaçados.

Para que a expansão da parte alta do tórax seja realizada de forma mais ampla e natural, tomemos outra vez o *chakrásana* como exemplo, desta vez em outra variação: *ardha chakrásana*. Mantendo-se de pé, com as pernas unidas, eleve os braços entrelaçando os dedos das mãos acima da cabeça, com os cotovelos bem estendidos; esvaziando os pulmões, flexione a coluna para trás, mantendo sempre a cabeça entre os braços; quando precisar inspirar, retorne. Deixe os joelhos o tempo todo estendidos.

Para evitar tonturas, siga à risca a recomendação de manter os pulmões vazios durante toda a permanência. Esse cuidado deve ser observado em todas as extensões da coluna realizadas em pé. Manter os olhos abertos, pelo menos nas primeiras execuções, também é recomendável.

Para efeito de ampliação da capacidade pulmonar, o mais importante durante a execução desse ásana é fazer com que os cotovelos fiquem sempre bem estendidos, a ponto de os braços tocarem as orelhas. Se curvar a coluna para trás sem acompanhar o movimento com os membros superiores, você não conseguirá o resultado desejado, além de realizar o ásana de forma incorreta.

Outras técnicas interessantes para trabalhar a respiração de maneira global são as torções. Experimente o *ardha matsyendrásana*. Trata-se de uma torção em que você senta no solo e estende as pernas à frente; em seguida, passa a perna esquerda por cima da direita, tocando a sola do pé no chão; a mão esquerda fica apoiada próxima aos quadris, no lado oposto àquele em que estão as pernas; finalmente, o braço direito posiciona-se entre o peito e a coxa elevada, formando uma alavanca para que você possa girar o tronco para a esquerda.

Devido ao movimento de rotação da coluna, seus pulmões ficam espremidos e a respiração se torna mais difícil. Sendo assim, ao superar essa resistência e realizar a respiração completa, você estará fortalecendo todos os músculos envolvidos no processo. Mas lembre-se de que as técnicas devem ser sempre confortáveis e prazerosas. Nada de exagero!

 É importante ressaltar mais uma vez que, as técnicas descritas não devem ser executadas separadamente, mas, sim, dentro de uma sequência que respeite os dois critérios para balanceamento. Além do mais, não se pratica essa nobre filosofia com o único intuito de respirar mais e melhor. Isso é apenas uma consequência natural.

 E um último lembrete: antes de iniciar a prática, tanto de respiratórios quanto de técnicas corporais, consulte seu próprio médico, ou o que for indicado pelo seu instrutor, para ter a certeza de que está saudável e, portanto, apto a executar as técnicas. Se forem respeitados alguns cuidados básicos, sua prática não oferecerá risco algum e você vai poder usufruir de toda a riqueza dessas técnicas milenares sem qualquer preocupação.

Superando obstáculos

Assim como qualquer outra atividade a que o ser humano se propõe, a conquista de uma respiração eficiente também oferece uma série de obstáculos. E isso é bom! Sim, porque é a resistência oferecida que impede a acomodação. Quem não se recorda da fábula da borboleta que foi ajudada a sair do casulo?[11]

Os constantes desafios impostos por uma filosofia prática como o Yoga acabam tornando o praticante resistente, determinado, seguro e autossuficiente. Assim, os obstáculos são vistos como oportunidades de crescimento e de evolução.

No que diz respeito ao aumento da *performance* do aparelho respiratório, assim como em muitos outros aspectos da prática, a principal dificuldade encontrada é a

---

11. Ao ver uma larva recém-transformada em borboleta se esforçando sem sucesso para sair de seu casulo, um bem-intencionado transeunte ofereceu ajuda ao inseto. Sem o esforço para sair sozinha, a borboleta deixou de fortalecer suas asas e jamais conseguiu voar.

48 | Respiração, Yoga e Autoconhecimento

falta de constância. Se não houver disciplina suficiente para mantermos a regularidade dos exercícios, os resultados conquistados serão desprezíveis quando comparados àqueles que seriam obtidos com a prática diligente (*abhyása*).

A disciplina é uma característica muito marcante em toda a cultura oriental, não apenas nos âmbitos filosóficos ou das artes marciais, mas também no dia a dia das pessoas. Ter disciplina faz parte da criação dos indivíduos, sendo, portanto, algo perfeitamente natural para todos.

Mas se estamos do outro lado do mundo e reconhecemos que pensamos e nos comportamos de maneira diferente dos orientais, precisamos fazer com que a prática de cada dia seja uma experiência extraordinária e transformadora. Essa será a nossa motivação. Por meio do entusiasmo na execução de cada técnica e com a percepção do progresso seremos impelidos a continuar nos dedicando e evoluindo.

Isso está diretamente ligado às tendências comportamentais da época em que tudo começou. Que tal uma viagem a um passado remoto, há mais de cinco mil anos? Vamos entender um pouco melhor como era a civilização que deu origem ao que hoje chamamos de *Yoga*.

Esse sistema nasceu no Vale do Indo, que era habitado pelos drávidas, um povo não guerreiro. Além de naturalistas, isto é, não espiritualistas, os habitantes daquela região eram desrepressores e prezavam muito a sensorialidade. Sendo assim, a filosofia criada pelo homem, a quem a mitologia deu o nome de Shiva, só seria bem aceita, retransmitida e perpetuada se fosse prazerosa. Um povo com essas características não trocaria seus afazeres e diversões por algo que não fosse agradável ou que não interferisse positivamente na qualidade de vida já incrivelmente alta para os padrões da época.

O homem moderno, pelo menos nesse aspecto, não é diferente. Ele tem pouco tempo disponível e não quer dedicar sequer alguns minutos a algo que lhe proporcione desconforto. O que está correto, devemos reconhecer, e é até uma questão de instinto. Por outro lado, se tal impulso natural nos impelir para algo que, além de ser muito gratificante, nos proporcione evolução interior, aí está o maior fator motivacional que pode existir.

No lugar de fazer exercícios respiratórios com o objetivo de melhorar sua capacidade pulmonar ou aprimorar seu rendimento no trabalho ou nos esportes, você deve executar as técnicas pelo simples motivo de sentir-se bem enquanto as realiza. Quando um praticante descobre todo o prazer que algumas poucas respirações conscientes podem proporcionar, é muito difícil que ele não se torne dedicado à prática. E, ao tomar consciência de que essas respirações fazem parte de uma metodologia maior, e que amplia seus horizontes e o conduz ao autoconhecimento, surgem a disciplina e o progresso.

No entanto, a falta de constância não é o único obstáculo a ser superado. Existem também algumas outras limitações que podem dificultar a execução de respirações eficientes. Infecções, alergias, pólipos, entre outros fatores, são cada vez mais comuns, e o primeiro passo para lidarmos com esses problemas é identificá-los.

Nos primeiros capítulos foi descrito rapidamente nosso aparelho respiratório. Mas você sabe como ele funciona? Sabe quais os órgãos que o compõem e como é a estrutura de cada um deles? A menos que seja um estudioso do assunto, ou um profissional da área, sua resposta a essas perguntas provavelmente será negativa. Mesmo sem possuir um conhecimento profundo de anatomia, devemos ser capazes de perceber se algo não está funcionando como deveria. Será, por exemplo, que seu septo nasal está obstruindo parcialmente sua respiração?

O septo divide a cavidade nasal em duas passagens. Em alguns casos, ele pode sofrer um desvio e acabar diminuindo o espaço para a entrada de ar por uma das narinas. Esse desvio, que pode ser um defeito congênito ou originado por um trauma, torna-se claramente prejudicial à narina que teve seu tamanho interno reduzido. Também pode causar sangramentos na outra narina, já que o fluxo de ar será aumentado, proporcionando um ressecamento desconfortável da membrana.

Outro fator que pode atrapalhar o processo respiratório é o surgimento de pólipos nasais, que são formações carnosas da membrana mucosa nasal, normalmente desenvolvidos a partir de infecções na região.

Muito mais comuns são os diversos tipos de rinites e sinusites. Tais inflamações de membranas nasais ou seios da face estão presentes na vida da maior parte da população mundial, seja de forma crônica ou temporária. Algumas têm natureza alérgica, outras são infecciosas. Existem ainda as irritações não alérgicas provocadas por agentes poluentes, como fumaça de cigarro e substâncias com cheiro forte, entre outros.

Para lidar com esses problemas, é importante consultar um médico otorrinolaringologista, que vai orientar sobre o tipo de tratamento mais indicado para cada caso.

Não obstante, muitos sintomas de problemas nasais podem ser bastante amenizados com algumas técnicas descritas no próximo capítulo, que fala sobre purificação orgânica. Você vai aprender não apenas a combater os sintomas, mas, principalmente, a manter as causas desses males longe do seu organismo.

Antes de prosseguir, uma ressalva se faz necessária: nossa modalidade não tem pretensões terapêuticas. Embora possamos admitir que algumas técnicas podem tornar mais saudável o funcionamento de alguns órgãos, a proposta da nossa filosofia está exclusivamente voltada para a evolução pessoal e o autoconhecimento. Algumas consequências positivas na saúde do praticante são ferramentas para que ele possa executar técnicas cada vez mais sofisticadas e, assim, acelerar seu progresso. Utilizar a prática com o objetivo de cura de tratamento para estados enfermiços é um erro e, definitivamente, não é recomendável.

Purificação orgânica

A partir do momento em que desenvolve maior consciência corporal, o praticante começa a aumentar sua percepção em relação ao grau de purificação do organismo e passa a notar que a limpeza exterior do corpo é fundamental, mas o processo de higienização não deve parar por aí.

Atualmente, em quase todos os países do mundo, banhos diários já fazem parte dos costumes da população. As pessoas se preocupam em se manterem asseadas, perfumadas, sempre com a melhor aparência possível. Esse cuidado se tornou, inclusive, sinal de respeito às pessoas que estão à nossa volta.

Agora pense a respeito disto: como você se sente após uma bela chuveirada? O banho produz ou não uma sensação de saúde e vigor? Estou certo de que a resposta é sim. Sentimo-nos aliviados ao eliminar a pouca sujeira que se acumula de um dia para o outro em nossa pele. Sentimos uma sensação de frescor e bem-estar, como se tivéssemos rejuvenescido alguns anos em poucos minutos.

Se isso tudo é conquistado quando purificamos o lado de fora, imagine o quanto nos sentiríamos bem se pudéssemos dar um banho também nos nossos órgãos internos, lavando as mucosas e eliminando resíduos advindos da má alimentação, da poluição no ar que respiramos e do próprio trabalho metabólico de cada uma de nossas células.

Surpreendentemente, o povo que vivia no Vale do Indo, há mais de cinquenta séculos, já havia desenvolvido essa percepção. Se hoje escovamos os dentes, saiba que esse hábito é uma herança cultural de uma técnica do Yoga denominada *kriyá*, cuja definição é "atividade de purificação das mucosas". Seus resultados não se fazem sentir apenas na limpeza dental (*danta dhauti* e *danta múla dhauti*), mas também na língua (*jíhva shodhana*), nos ouvidos (*karma dhauti*), nos olhos (*trátaka* e *chakshu dhauti*), no coração (*hrd dhauti*), no tubo digestivo (*varisara dhauti*), no estômago (*jala dhauti, vamana dhauti* e *vátasára dhauti*), no intestino (*nauli*), no cólon (*sukha vasti*), nas vísceras (*agnisára dhauti*), no reto (*basti, bahískríta dhauti* e *sthala vasti*) e em outras partes do organismo. E há ainda aqueles que são mais importantes para o nosso tema, que são os *kriyás* que purificam os órgãos envolvidos na respiração.

Uma das técnicas mais eficientes para promover limpeza nas vias respiratórias e nos pulmões é também uma das mais simples: *kapálabhati*.[12] Trata-se de uma expiração forte e rápida, feita logo após uma inspiração lenta e profunda. Em apenas meio segundo você deve esvaziar os pulmões com o auxílio de uma intensa contração

---

12. O *kapálabhati* pode ser catalogado como *kriyá* e como *pránáyáma*.

abdominal. Mas atenção: execute o *kapálabhati* sempre estando sentado, e se não contar com o acompanhamento de um instrutor, repita o exercício no máximo três vezes.

Recomendamos ainda a utilização de um lenço à frente das narinas durante a exalação, para facilitar a higiene, caso seja necessário.

O exercício anterior é classificado como um *kriyá* seco, mas existe também a categoria dos *kriyás* úmidos, como o *jala neti*. Neste caso, o elemento utilizado para promover a purificação não é o ar, mas, sim, a água.

O *neti* deve ser realizado com o acompanhamento de um instrutor formado, motivo pelo qual não será descrito aqui.

Para executar essa técnica, o ideal é utilizar um recipiente denominado *lota*, um aparelho anatômico que pode ser feito de cerâmica, uma espécie de bule em miniatura.

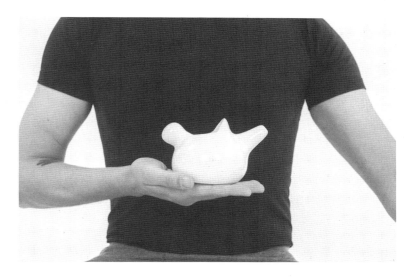

Encontre um bom instrutor e faça esse *kriyá* na frequência que ele recomendar. Se mantiver a periodicidade indicada, em pouco tempo vai notar uma grande melhora na eficiência de suas narinas no que diz respeito à captação de ar. Seu olfato vai se tornar mais sensível e o simples fato de perceber melhor os perfumes à sua volta vai deixar sua vida mais prazerosa.

Caso você queira incrementar ainda mais a purificação das narinas, peça orientação ao instrutor. Se ele considerar necessário e adequado, poderá ensinar-lhe o *shit krama* e o *vyut krama*.

Se você sentir a necessidade de purificar não apenas o seio maxilar, mas também os seios frontais, solicite instruções a respeito do *kapálarandhra dhauti*.

Além dessas técnicas, alguns yogins utilizam outros recursos para conseguir uma limpeza mais profunda das vias respiratórias. Você pode até utilizar gazes e linhas para realizar a limpeza, mas essas práticas não são recomendadas por nós porque esse tipo de higienização é invasivo, envolve alguns riscos e, na maioria absoluta dos casos, mostra-se totalmente desnecessário.

Por fim, existe ainda outro órgão envolvido na respiração e que demanda grande atenção: a pele[13]. É preciso mantê-la sempre limpa, mas sem agredi-la. Se você tem o hábito de se banhar mais de uma vez por dia, utilize sabonete somente no primeiro banho. Varie as marcas.

---

13. Consulte o próximo capítulo: "Respiração cutânea".

Mantenha sua pele hidratada e não abuse da exposição ao sol, especialmente entre dez e quinze horas. Cuide também da sua alimentação, para reduzir ao máximo as toxinas que podem obstruir seus poros.

Esses cuidados deixarão sua pele não apenas mais limpa e saudável, mas também mais jovem e bonita. São pequenas dicas que farão uma diferença substancial ao longo dos anos.

Assim como todas as outras técnicas do Yoga, a purificação orgânica e os *kriyás* atuam de forma poderosa no incremento da qualidade de vida, embora essa não seja a meta do Yoga, mas, sim, uma consequência natural do exercício de uma filosofia inteligente. Segundo Pátañjali, a meta do Yoga é o *samádhi*, a expansão da consciência, o autoconhecimento.

Respiração cutânea

A essa altura você já leu uma boa quantidade de páginas da presente obra. Estamos falando sobre respiração desde o primeiro capítulo e enfatizando especialmente a consciência sobre o ato de respirar. Talvez este seja um bom momento para você observar novamente como está respirando. Analise com que profundidade, ritmo e nível de consciência você está executando tal função biológica.

Se após essa avaliação você ficou satisfeito, parabéns! Caso o resultado ainda não tenha sido aquele que imaginava, não se preocupe. Normalmente são necessários vários testes até que conquistemos um bom patamar de consciência respiratória durante o dia a dia.

Nossas narinas, como dissemos, não são as únicas portas de entrada do ar em nosso organismo. O curioso é que o mais extenso órgão do aparelho respiratório e de todo o corpo – a pele – normalmente é simplesmente esquecido quando estamos falando de respiração.

Não são apenas os anfíbios que se utilizam da respiração cutânea. Nós também somos capazes de captar o ar através dos poros, e fazemos isso o tempo todo, apesar de praticamente não percebermos. Pois se estamos tratando de aumentar o grau de consciência respiratória, é imprescindível que passemos a observar melhor também a entrada do ar nos minúsculos e incontáveis orifícios que existem em nossa pele.

Com certeza você já deve ter ouvido alguma pessoa mais velha falar que não se deve tomar banho de chuveiro, banheira ou piscina depois das refeições. Provavelmente hoje você considera que isso não passava de mais uma das várias crendices criadas e difundidas pelos mais velhos. Pois saiba que, descontado todo o exagero que usualmente está presente nessas crendices, podemos dizer que aquela bondosa velhinha tinha alguma razão.

A questão é que depois de alimentado, seu corpo está envolvido no processo de digestão, o que não é uma missão das mais simples. Durante a digestão seu organismo precisa de grande quantidade de energia e suas células passam a ser mais exigidas. Por conseguinte, elas precisam de mais oxigênio, então realmente não é muito inteligente cobrir seus poros com água em um dos momentos em que seu corpo mais precisa de ar. Isso comprometeria a respiração cutânea, deixando toda a responsabilidade para as narinas.

É improvável que uma pessoa que tenha uma alimentação saudável passe mal por tomar banho, mesmo que de imersão, logo após uma refeição. Mas a probabilidade de sofrer congestão aumenta à medida que a pessoa ingere alimentos de digestão mais difícil, como carnes e queijos, em quantidade exagerada, e logo em seguida resolve tomar banho de piscina, o que normalmente acarreta também certo esforço físico.

Outra questão importante a ser considerada é o uso excessivo e ininterrupto de roupas. Esse hábito atrapalha a absorção de ar através da pele e compromete não apenas a saúde desse órgão, mas também o grau de absorção de ar pelo organismo.

Não estamos sugerindo aqui que você passe a frequentar única e exclusivamente lugares de nudistas. Mesmo não tendo nada contra a proposta das pessoas chamadas naturistas, a ideia não é abolir o uso de roupas, no entanto seria realmente saudável passar algum tempo do seu dia sem o desconforto que elas proporcionam.

Que tal deixar seus poros respirarem enquanto dorme? Ou andar um pouco pela casa depois do banho, antes de colocar as roupas? Seja criativo e experimente essa deliciosa sensação de liberdade. Mas não se esqueça de manter as janelas fechadas para se proteger do frio e de olhares curiosos.

Algumas pessoas não se despem totalmente mesmo quando estão namorando. E não é exagero dizer que elas estão perdendo muito mais do que apenas a absorção de uma quantidade extra de oxigênio.

Respiratórios para o dia a dia

Como o próprio título desta obra já esclarece, nossa proposta é o desenvolvimento e o aprimoramento das técnicas respiratórias com o objetivo de autoconhecimento. Nunca é demais lembrar que tais técnicas só serão realmente efetivas quando combinadas com os demais elementos que compõem uma prática de Yoga.

Não obstante, a melhor utilização do aparelho respiratório acarretará uma série de consequências positivas para o indivíduo, inclusive no seu dia a dia. Isso porque não nos dedicamos à nossa filosofia apenas quando estamos na sala de práticas. Se durante as aulas aprendemos exercícios que auxiliam no combate ao estresse excessivo, que permitem administrar melhor nossas emoções e proporcionam cota extra de energia e de vitalidade, por que não utilizarmos tudo isso no nosso cotidiano?

Embora seja importante frisar que tais consequências não devem ser confundidas com a meta e a proposta do Yoga, seria incorreto deixarmos de mencionar tais efeitos e, principalmente, esquivarmo-nos de descrever algumas técnicas que contribuirão para uma vida mais saudável. É indiscutível que um praticante com mais saúde e vitalidade tem mais condições de conquistar o estado de hiperconsciência.

Serão mencionados a seguir alguns respiratórios simples e extremamente eficientes em determinadas situações. A utilização deve ser ainda mais moderada, caso você não tenha o acompanhamento direto de um instrutor formado.

Estresse

Um grande problema que interfere negativamente na qualidade de vida das pessoas em geral é a carga excessiva de estresse. Vale ressaltar que, o estresse em si não é prejudicial. É a exposição a ele de forma frequente e durante grandes períodos de tempo que o torna um vilão de nossa saúde.

A primeira dica para lidar com esse tipo de problema é refazer seu planejamento de vida. Se você tem um trabalho que o expõe constantemente a situações emocionais extremas, talvez seja hora de parar para fazer um balanço. Está valendo a pena?

A segunda sugestão é aumentar sua disposição e sua vitalidade para conseguir superar os desafios do cotidiano de cima para baixo. Com a prática regular de Yoga, você vai conseguir uma cota extra de energia e, com isso, vai poder lidar com os problemas sem comprometer seu bem-estar.

No entanto, mesmo reduzindo o estresse a níveis saudáveis, ele ainda é inevitável. E quando ocorrerem situações tensas, o grande truque é recorrer à respiração abdominal. Você já reparou que quando está nervoso, ansioso ou intensamente emocionado, seja lá por qual motivo for, sua respiração acelera e se torna quase exclusivamente torácica? Pois se as emoções têm o poder de alterar seu ritmo respiratório, o caminho inverso também funciona! Ao tornar a respiração mais lenta e, principalmente, priorizar a respiração abdominal com o *adhama pránáyáma*[14], conseguiremos administrar perfeitamente o nosso corpo emocional. Experimente tornar as exalações mais lentas do que as inspirações e vai perceber que os efeitos da respiração se tornam ainda mais poderosos. Em pouco tempo, até mesmo a frequência dos batimentos cardíacos será desacelerada.

Concentração

Várias são as nossas atribuições cotidianas que exigem boa capacidade de concentração. Também são muitos os estudantes, atletas e executivos que procuram no Yoga técnicas que proporcionem melhor desempenho em suas tarefas.

Maior poder de concentração pode trazer melhor resultado nos estudos com menos horas de dedicação. A concentração pode fazer com que esportistas não se dispersem durante as competições e, assim, consigam colocar em prática tudo o que foi treinado, superando seus adversários. E ainda, seguramente, vai fazer com que qualquer tipo de trabalho se torne mais produtivo.

Para aumentar a sua capacidade de se concentrar, o ideal é fazer um treinamento regular de meditação, de preferência precedido por uma prática completa de Yoga.

---

14. Consulte a descrição da respiração baixa, no capítulo "Mecânica da Respiração".

É comum que em determinadas situações do dia a dia precisemos aquietar nossas ondas mentais rapidamente para focar o fluxo dos pensamentos em algo específico. Nesses momentos, o *brahmarí pránáyáma* pode ser muito eficiente.

Inspire lenta e profundamente, utilizando a respiração completa[15]. Quando for expirar, faça o ar ecoar pela caixa craniana reproduzindo o ruído de uma abelha, um leve zumbido inaudível para as pessoas que estiverem ao seu redor. Essa expiração deve ser feita de forma bem lenta, sem nenhuma pressa.

O *brahmarí pránáyáma* se torna ainda mais eficiente se executado em *dháranásana*, posição na qual você se senta sobre os calcanhares e apoia os antebraços no chão, com os dedos das mãos entrelaçados. Os polegares ficam estendidos para cima, tocando suavemente a região situada entre as sobrancelhas.

---

15. Reveja a descrição da respiração completa no capítulo "Mecânica da Respiração".

Relax

Em alguns momentos do seu dia é normal que você queira simplesmente desacelerar, seja antes de dormir, seja logo após um estado de euforia causado por qualquer motivo. Nada como um bom relaxamento muscular e nervoso para dar um tempo para seu corpo recarregar as baterias.

Sempre que possível, pratique *Yoganidrá*, que é uma técnica yogi de descontração[16]. Quando você preferir algo mais simples e rápido, que possa ser feito em qualquer ambiente e em qualquer posição, uma boa opção é o *tamas pránáyáma*, que é um dos respiratórios mais simples de se executar. Basta inspirar e expirar de forma absolutamente lenta. Faça isso o mais devagar que puder, retendo o ar nos pulmões durante apenas alguns segundos, sem contar ritmo. Essa técnica é também chamada de respiração imperceptível, já que o ar entra e sai tão lentamente dos pulmões que é impossível um observador notar a movimentação.

Existem ainda outros respiratórios que têm o poder de desacelerar o metabolismo, como é o caso do *chandrabheda pránáyáma*. No entanto, recomendamos categoricamente que você não o utilize sem o acompanhamento de um bom instrutor. Por esse motivo, ele não será descrito nesta obra. Enquanto não contar com a orientação de um instrutor, contente-se em utilizar o *tamas pránáyáma*, que já proporcionará resultados muito satisfatórios.

---

16. Consulte o livro *Relax – Permaneça Acordado e Lúcido*, de Anahí Flores.

Energização

A maior parte das técnicas respiratórias do Yoga atua aumentando a energia interna do praticante, devido à captação da bioenergia que está presente no ar que respiramos[17]. Portanto, de certa maneira, é redundante falarmos que vamos descrever um *pránáyáma* que tem como consequência a energização.

Mas se a proposta do capítulo é sugerir técnicas que podem ser utilizadas no dia a dia, gostaríamos de citar aquela que tem efeito imediato e perceptível mesmo para os leigos, o *bhastriká*, ou respiração do sopro rápido, que é altamente estimulante por trabalhar com grande aumento da oxigenação cerebral.

Para executá-lo, basta que você inspire e expire forte e rapidamente, sempre pelas narinas, em um ritmo bastante acelerado. Quando bem executado, esse respiratório produz um forte ruído, causado pela passagem da grande quantidade de ar pelas narinas.

Atenção para acelerar a respiração sem comprometer sua intensidade e sua profundidade. Iniciantes devem optar por utilizar somente a parte baixa dos pulmões, expandindo e retraindo o abdômen, sucessivamente. Aqueles que já forem mais adiantados podem utilizar a respiração completa, o que contribui para uma captação ainda mais eficiente do ar.

Em pouco tempo você terá bombeado uma enorme quantidade de oxigênio para dentro do seu organismo e, da

---

17. Abordaremos a questão da captação e da expansão da bioenergia na Parte II desta obra.

mesma forma, muito gás carbônico para fora dele. Isso vai lhe gerar uma sensação de euforia e lhe proporcionar uma cota extra de energia para ser utilizada da maneira como você bem entender. Estados de depressão momentânea são imediatamente superados, mas lembre-se de que o Yoga jamais deve ser visto como terapia. Não recomendamos a utilização de nenhuma de nossas técnicas como objetivo de cura para depressão, o tratamento dessa ou de qualquer outra doença deve ser feito por um médico.

Exatamente por gerar uma hiperoxigenação cerebral, o *bhastriká* pode, eventualmente, gerar um pouco de vertigem. Esse é o sinal de que o praticante ultrapassou a fronteira do razoável e permaneceu executando a técnica por um período de tempo maior do que deveria. Caso você não conte com o acompanhamento direto de um instrutor, sugerimos que não ultrapasse o limite de trinta segundos. Também é de suma importância que esteja sempre sentado durante o exercício, bem como nos momentos que o sucedem.

Gostaríamos de lembrar o leitor de que as técnicas descritas acima, assim como as que serão mencionadas no capítulo seguinte, são apenas alguns simples recursos que podem ser utilizados, desde que não confunda as consequências positivas deles com o objetivo do Yoga em si. Utilize esses recursos com bom senso e com o objetivo de promover um aperfeiçoamento pessoal.

Respiração nos esportes

Se você já praticou algum tipo de esporte pelo menos uma vez na vida, sabe o quanto é importante conseguir administrar o fôlego, e que, para conquistar bons resultados, é necessário ter uma boa dose de disciplina nos treinamentos e nos cuidados com o seu corpo.

Mesmo para os chamados atletas de fim de semana, que teoricamente não estão muito preocupados com sua performance, é importante saber respirar durante a prática de corrida, natação, caminhada, futebol, tênis, golfe ou qualquer outro esporte. Como a principal finalidade dos amadores é o bem-estar e a satisfação, eles se sentirão muito mais satisfeitos caso não estejam "tropeçando na própria língua" no final da atividade.

Para os atletas profissionais de alto desempenho, é imprescindível saber administrar a respiração. Pode ser esse o diferencial entre o sucesso e o fracasso em determinada competição. Hoje em dia são muitos os competidores que procuram instrutores de Yoga em busca de uma melhor performance. Alguns deles querem mais flexibilidade;

outros, maior poder de concentração. Todos eles, porém, objetivam também aprender os *pránáyámas* e, com isso, passar a respirar mais e melhor.

Em se tratando de torneios, campeonatos e afins, existe um fator fundamental que faz a prática dessa filosofia contribuir para a conquista de bons resultados: o aprendizado para lidar com o estresse de competição.

Depois de anos de intensa dedicação e até de sacrifício, muitas vezes toda a carreira de um atleta profissional é colocada à prova em poucos segundos. É natural que o esportista se sinta pressionado pela expectativa de um bom resultado, ansioso por não ter a certeza de conseguir repetir tudo aquilo que fez em seus treinamentos, apreensivo e, em alguns casos, até mesmo angustiado.

Embora seja natural, sentir-se assim é também prejudicial à saúde. Essas emoções fazem com que nossas glândulas segreguem hormônios e os injetem na circulação sanguínea. Entre eles estão o cortisol, a noradrenalina e, principalmente, a famosa adrenalina, que é produzida pelas glândulas suprarrenais e acarreta uma série de consequências imediatas como suor excessivo, aceleração dos batimentos cardíacos, dilatação das pupilas, vasoconstrição, aumento do nível de glicose no sangue, dilatação dos brônquios, entre outras.

Todos os efeitos citados podem contribuir para melhorar o desempenho de alguns tipos de atletas, mas somente se os níveis de hormônios lançados na circulação não forem exagerados. O excesso de adrenalina, por exemplo, chega a causar até mesmo um estado temporário de paralisia. Além disso, o mecanismo biológico de autodefesa gera tensão em alguns grupos musculares, o que pode causar lesões, dependendo do esporte que esteja sendo praticado.

Respiração nos esportes | 73

O que estou querendo ressaltar aqui é que a adrenalina e outros hormônios não são vilões nem heróis. Tudo vai depender da quantidade e da frequência com que esses neurotransmissores estiverem presentes no nosso organismo. E quem regula isso para nós é o sistema nervoso autônomo, dividido em sistema nervoso simpático e parassimpático.

De modo geral, nos atletas, esse sistema funciona independentemente da vontade do indivíduo, como o próprio nome sugere (autônomo). O sistema apenas responde às informações que recebe do ambiente. Mas se, a partir da sutilização de suas percepções e do desenvolvimento de um maior autoconhecimento, você compreender como ele funciona, poderá interferir nesse funcionamento e regular os hormônios segregados de acordo com sua vontade.

Claro que não estamos sugerindo que você será capaz de ordenar às suas glândulas suprarrenais para que elas produzam 0,4 mg de adrenalina para serem injetados na sua circulação nos próximos sete segundos. Mas com certeza você poderá, principalmente por meio de sua respiração, enviar a informação que quiser para o sistema nervoso autônomo, influenciando a segregação dos hormônios.

Tendo isso em mente, o atleta poderá, por exemplo, utilizar o *nádí shodhana pránáyáma* momentos antes do início de uma prova. Essa técnica consiste em alternar as narinas em atividade, efetuando a troca sempre que os pulmões estiverem cheios. Na prática, devemos inspirar primeiro pela narina esquerda, obstruindo com o dedo médio da mão direita a outra narina. Depois de manter o ar nos pulmões durante alguns segundos, expiramos pela narina direita, agora com o dedo da mão direita obstruindo a narina esquerda. Sem ar nos pulmões, não devemos trocar a narina em atividade. Inspiramos pela narina direita, para só então trocar na próxima expiração.

A obstrução das narinas pode ser feita utilizando o dedo médio com a mão em *jñána mudrá* ou alternando os dedos polegar e anelar com a mão em *vishnu mudrá*.

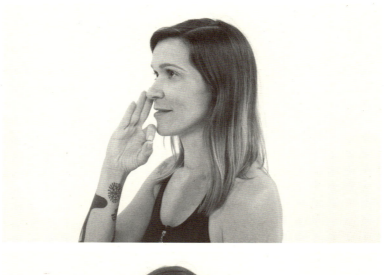

Essa técnica deve ser utilizada durante o tempo que o esportista julgar necessário. Se estiver muito ansioso, a respiração deve ser feita durante um período mais prolongado. Uma boa dica é observar seus batimentos cardíacos e aprender qual a frequência ideal para cada tipo de esporte ou de competição. Não existe uma tabela para isso, já que cada indivíduo tem a sua particularidade e uma maneira diferente de reagir diante de situações diversas. Observe a si mesmo e procure identificar quantos batimentos cardíacos por minuto o conduzem a um melhor rendimento. Evite a ajuda de aparelhos como o frequencímetro, caso contrário você ficará dependente e deixará de aproveitar o grande prazer que a observação do próprio corpo pode nos proporcionar.

76 | Respiração, Yoga e Autoconhecimento

Para qualquer tipo de esporte, o mais importante na respiração é que ela seja eficiente. Isto é, que você consiga o máximo de energia possível com o mínimo de esforço.

Em época de aquecimento global e de um processo generalizado de conscientização pela responsabilidade ambiental, muito se fala em veículos energeticamente eficientes. São automóveis capazes de rodar vários e vários quilômetros desenvolvendo boa velocidade e consumindo quase nada de energia, seja ela fóssil, elétrica, solar, e até mesmo a eólica.

Um carro com excelente desempenho, mas que tenha um consumo elevado, já não é bem-visto pela maior parte da população e está condenado à extinção em um prazo não muito longo. Por outro lado, os protótipos que conseguem a proeza de percorrer centenas de quilômetros consumindo pouquíssima energia, muitas vezes não passam de carros-conceito, por apresentarem nos testes resultados de velocidade e de potência inferiores àqueles com os quais os consumidores estão acostumados.

O mercado automobilístico se esforça, portanto, para oferecer novas máquinas que sejam absolutamente eficientes, que rodem muito e poluam pouco e que tenham elevada performance e baixo consumo.

O que os atletas devem buscar é o mesmo objetivo dos engenheiros e dos executivos das fábricas de automóveis. Para superar os obstáculos e, dependendo do esporte praticado, superar também os adversários, é necessário aproveitar ao máximo as fontes de energia que temos à nossa disposição.

No caso da alimentação, é importante que ela seja de fácil digestão e que proporcione alta absorção dos nutrientes.

Caso contrário, o organismo gastará tanta energia nesse processo que no fim das contas o desgaste será maior do que os ganhos[18].

O mesmo ocorre com a respiração. A partir do momento em que aprendermos um mecanismo que nos permita captar grande quantidade de ar com o mínimo de esforço muscular, conquistaremos um *superávit* energético capaz de interferir decisivamente nos resultados da prática esportiva. Mas a eficiência da respiração dos yogins não para por aí. Além de captar grande quantidade de oxigênio, os *pránáyámas* permitirão melhor assimilação desse elemento, facilitando ainda as trocas gasosas e reduzindo a quantidade do gás que não é aproveitada pelo corpo.

Como a proposta desta obra é discorrer sobre os assuntos de maneira clara, inclusive com exemplos práticos para aplicação imediata no dia a dia, não seria possível, portanto, descrever, somente neste capítulo, sobre a respiração em todas as modalidades esportivas existentes, mas vou procurar abordar as mais comuns e que servirão de parâmetro para as demais.

A corrida, por exemplo, é praticada por milhões de pessoas em todos os lugares. Vou utilizar o termo "corrida" para abranger o pedestrianismo, algumas categorias de atletismo e esportes do gênero.

---

18. Para mais informações sobre alimentação, consulte o livro *O Gourmet Vegetariano*, de Rosângela de Castro.

78 | Respiração, Yoga e Autoconhecimento

Imagine o ganho de rendimento que um atleta profissional ou amador obteria se não precisasse poupar o fôlego durante o exercício. E mais: quanto ele poderia melhorar seus resultados se pudesse manter suas células muito bem oxigenadas mesmo durante os mais críticos níveis de esforço?

Para ter melhor desempenho é importante que o praticante de corrida se programe para manter a respiração em um ritmo constante durante todo o trajeto. Uma boa dica é marcar com seus passos o tempo da inspiração e da expiração. A quantidade de passos vai depender de cada indivíduo e do tipo de prova que esteja sendo disputada, mas, normalmente, deve ficar entre duas e quatro passadas para cada uma dessas fases respiratórias.

Se for possível e não gerar esforço, deve ser utilizada a respiração completa. Caso o corredor ainda não esteja muito à vontade para trabalhar as partes baixa, média e alta dos pulmões, então será melhor optar pela respiração abdominal. Mesmo utilizando essa opção mais simples, a diferença será facilmente notada desde os primeiros treinamentos.

Outra medida que faz diferença é utilizar única e exclusivamente as narinas, tanto para captar o ar quanto para devolvê-lo ao ambiente. A boca não faz parte do aparelho respiratório e deve ser utilizada na respiração apenas em casos de exceção e de necessidade.

Se a respiração nasal for insuficiente para o esforço exigido, em vez de complementar a respiração com a boca, o atleta deve descobrir os motivos pelos quais não está captando ar pelas narinas de forma satisfatória[19]. O ideal é ir

---

19. Consulte o capítulo "Superando obstáculos".

direto à causa do problema, e não tentar remediá-lo de forma precária. Respirar pela boca porque não se consegue respirar corretamente pelas narinas é algo como colocar baldes debaixo das goteiras no lugar de consertar o telhado da casa. Agora, se a ideia for lidar com as consequências do problema enquanto não se consegue uma solução definitiva que atue na causa deste obstáculo, então talvez seja melhor optar pela utilização de um dilatador nasal, um pequeno adesivo que aumenta o fluxo de ar nas narinas de pessoas que tenham rinite, desvio de septo, etc.

O importante é que você utilize a respiração nasal. Inspirando assim, o ar que vai percorrer os condutos respiratórios será filtrado, umedecido e aquecido, protegendo os pulmões e permitindo a assimilação mais rápida e eficiente por parte dos alvéolos.

Na expiração o ar percorre o sentido inverso, o que elimina, mesmo que de maneira discreta, pequenos resíduos que ficam retidos nas mucosas internas. Esse processo de expiração nasal facilita também o trabalho dos cílios nasais retentores de partículas de poeira e micro-organismos que precisam ser varridos para fora do corpo.

Vale lembrar que não somos profissionais de Educação Física, nem tampouco treinadores profissionais de atletas. Tais sugestões são frutos do conhecimento adquirido em vários anos de práticas, associado à observação dos resultados positivos gerados naqueles que optam por seguir nossa metodologia.

Assim como todas as informações que estão sendo disponibilizadas aqui, é importante que essas instruções não sejam aceitas como verdades absolutas. É fundamental que se observe no momento em que estiver colocando tudo isso em prática. Assim poderá avaliar melhor os efeitos e então chegar a suas próprias conclusões.

Outro esporte que é muito praticado é a natação. Seja no mar, seja em raias olímpicas, seja disputando competições, seja nadando apenas por puro prazer, todos os amantes dessa atividade também podem conquistar melhor desempenho colocando algumas simples técnicas em prática.

Talvez a utilização dos respiratórios enquanto nadamos seja um pouco mais difícil do que quando estamos simplesmente correndo, mas um pouco de treinamento e uma pequena dose de empenho são suficientes para que se sinta como se estivesse praticando Yoga debaixo d'água.

Quase todos os nadadores utilizam a respiração oral em qualquer modalidade de nado. Fazem isso para evitar o desconforto de aspirar água pelas narinas, o que realmente causaria males ao aparelho respiratório. Mas e se conseguíssemos utilizar apenas a respiração nasal durante a prática desse esporte? Seguem algumas sugestões para aqueles que gostariam de experimentar essa alternativa.

A entrada de água pelas narinas só ocorre se o nadador não der a importância devida à expiração, como faz a maioria das pessoas. Essa fase do ciclo respiratório tem papel fundamental na renovação do ar que respiramos, portanto deve receber a mesma atenção dada à inspiração.

Caso soltemos todo o ar convenientemente pelas narinas, toda a água que tenha ficado nas imediações do nariz se dispersará, assim, teremos caminho livre para captar uma grande quantidade de ar sem corrermos o risco de bombearmos líquido para dentro dos condutos respiratórios. Além dessa grande vantagem, a exalação eficiente abrirá mais espaço nos pulmões para a captação de oxigênio na inspiração seguinte.

A grande questão aqui é aprender a fazer isso de forma rápida, para que consiga bons resultados com a velocidade que o esporte exige. O ideal é treinar antes, fora do mar ou da piscina, para depois colocar a respiração em prática com as braçadas.

Execute algumas vezes o *kapálabhati*[20], que consiste em inspirar lentamente e, sem qualquer retenção, soltar o ar de maneira forte e rápida pelas narinas, com o acompanhamento de uma contração firme do abdômen. Essa expiração deve ter a duração máxima de meio segundo, sendo mínima a quantidade de ar residual nos pulmões.

Depois, enquanto estiver nadando, faça a expiração com essa mesma intensidade, mas agora inspirando também de maneira rápida, logo em seguida, e então você terá um novo desafio: conseguir captar a grande quantidade de oxigênio que o exercício exige com uma inspiração feita em curto espaço de tempo.

O *bhastriká*, cuja execução está descrita no capítulo "Respiratórios para o dia a dia", também funciona como um bom treinamento. Essa técnica ainda proporciona outros efeitos convenientes para o nadador, além de

---

20. Note que essa mesma técnica foi mencionada anteriormente no capítulo de purificação orgânica, uma vez que pode ser catalogada como *pránáyáma* e como *kriyá*.

82 | Respiração, Yoga e Autoconhecimento

energizar o praticante, como mencionado anteriormente, esse respiratório aumenta a oxigenação de todas as células do organismo.

Em caso de provas de velocidade nas piscinas, o tempo gasto com a cabeça fora d'água com o intuito de respirar pode ser decisivo no resultado da competição. São alguns centésimos de segundos que podem fazer a diferença entre a primeira e a última colocação.

Se o competidor fizer o *bhastriká* poucos instantes antes da prova, além de contar com uma cota extra de energia e de vitalidade, estará com as células mais oxigenadas e, consequentemente, vai precisar respirar uma quantidade menor de vezes antes da braçada final.

Hoje em dia, atletas de altíssimo nível são capazes de completar os cinquenta metros nado livre sem respirar uma vez sequer. Talvez, por isso, um número crescente de nadadores esteja procurando na nossa metodologia um meio para se tornarem mais competitivos. E o mais interessante é que, nessa busca, acabam travando contato e se encantando com uma belíssima filosofia de vida.

Poderíamos preencher páginas e páginas de talvez uma dezena de livros explicando detalhadamente os respiratórios mais indicados para os vários e incontáveis esportes praticados em todo o mundo. Mas o amigo leitor já conhece nossa proposta de autossuficiência, portanto já deve imaginar as diversas outras situações em que a respiração pode aprimorar o desempenho de um atleta, ou apenas tornar a prática esportiva mais prazerosa.

Sendo assim, nas próximas linhas, veja algumas instruções resumidas que vão servir de base para aplicação de *pránáyámas* em uma grande quantidade de esportes. É difícil imaginar alguma atividade esportiva em que as técnicas não pudessem ser aplicadas.

Vamos pensar em algumas práticas que exigem concentração. Começando pelas mais óbvias, somos obrigados a citar o golfe, o xadrez, o boliche, o tiro ao alvo, a bocha e outras tantas que dispensam comentários. Mas a capacidade de manter o foco também interfere decisivamente na atuação de um jogador de basquete prestes a fazer o arremesso em um lance livre. Aliás, quem já não viu nas quadras as estripulias que a torcida adversária faz no campo de visão de quem está tentando se concentrar antes de um arremesso importante?

Aqueles que acompanham jogos de tênis também já puderam assistir aos árbitros solicitando silêncio da torcida no momento em que um dos jogadores vai sacar. Ele precisa de concentração. Como também precisam os atletas da ginástica olímpica, na hora de executar movimentos de absoluta precisão, e o centroavante, ao se preparar para cobrar um pênalti decisivo em uma partida de futebol. E quanta diferença faria se um atleta de saltos ornamentais não conseguisse se concentrar nos movimentos que está prestes a realizar?

Praticamente todas as atividades esportivas exigem concentração. Destarte, seria altamente recomendável que todos aqueles que se consideram atletas (mesmo os de fim de semana) aprendessem e utilizassem com frequência o *brahmarí pránáyáma*. Esse respiratório já foi descrito no capítulo "Respiratórios para o dia a dia", portanto, deduzimos que você já sabe do que estamos falando.

Tratemos agora da capacidade pulmonar, outro assunto que está intimamente ligado à prática desportiva. O fôlego produz resultados diretos no ciclismo, no remo, no handebol, na escalada, no surfe, no rúgbi, no polo aquático, no hóquei, etc.

Além de contar com uma boa administração da respiração proporcionada pela regularidade e pelo empenho nas práticas de Yoga, é interessante que o esportista execute com muita frequência o *viloma pránáyáma*, observando a seguinte descrição:

↑	**Púraka**	Inspirar durante dois segundos e fazer uma pausa de outros dois. Continuar inspirando mais dois segundos e fazer nova pausa. Continuar o processo até preencher totalmente os pulmões.
○	**Kúmbhaka**	Reter o ar durante cinco a dez segundos, executando o *múla bandha* (contração dos esfíncteres do ânus e da uretra).
↓	**Rechaka**	Expirar de forma lenta e contínua.
✕	**Shúnyaka**	Não há.

Se estiver executando esse respiratório com o objetivo de aumentar a capacidade pulmonar, procure fazer o maior número possível de inspirações e de pausas antes da retenção mais longa. Assim, você estará sempre buscando um pouco mais de espaço nos pulmões para continuar inspirando depois de cada pequena pausa. Quando chegar o momento em que estiver utilizando 100% da capacidade volumétrica dos pulmões, sentirá a necessidade de criar mais espaço, e o fará expandindo ainda mais o abdômen e a caixa torácica.

Desaconselhamos que os *pránáyámas* sejam executados apenas para melhorar sua performance em atividades físicas. Tenha sempre em mente que esse grupo de técnicas milenares surgiu muito antes de tudo o que conhecemos hoje com o nome de esporte. O único objetivo autêntico de tais técnicas é, ao lado das demais partes que compõem o Yoga, promover autoconhecimento e expansão da consciência.

Nossa intenção aqui é demonstrar o quanto essas técnicas que você já faz, ou está prestes a fazer, trazem de consequências benéficas para outras áreas da sua vida. Se você entender isso e optar por se dedicar um pouco mais a determinado tipo de respiratório, porque precisa de mais concentração em um campeonato que irá disputar, por exemplo, não há problema algum. Desde que haja bom senso, e que você tenha em mente o real objetivo do que está praticando.

Uma vez bem conscientes disso, vamos tratar de outra consequência positiva que os *pránáyámas* podem gerar. Existem alguns tipos de respiratórios que têm a capacidade de alterar a temperatura interna do corpo, os que mencionaremos a seguir, são boas ferramentas para conquistarmos uma sensação térmica de frescor, o que pode ser extremamente útil em atividades praticadas sob o sol quente. Pilotos de automobilismo que sofrem com o calor dos *cockpits*, e até mesmo dos interiores dos veículos das categorias de turismo, também podem utilizar as técnicas seguintes.

Ao contrário da respiração que costumamos utilizar no Yoga, nesses casos devemos inspirar pela boca. Por esse motivo, o exercício não deve ser mantido por muito tempo, mas, sim, o suficiente para o praticante vivenciar o frescor proporcionado pela técnica.

Caso você faça parte de uma parcela da população mundial privilegiada geneticamente, e consiga formar uma calha com a sua língua, deve utilizar o *shítálí pránáyáma*. A língua fica dobrada, com as laterais voltadas para cima, e posicionada entre os dentes semicerrados. Inspirando desta forma, a passagem do ar pela língua força a evaporação de um pouco de saliva. Para evaporar as moléculas da saliva precisam de calor... que é roubado da superfície da língua. Consequentemente, a temperatura dessa superfície diminui, e é daí que vem a sensação de frescor.

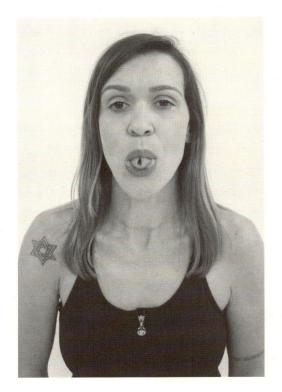

Se você não consegue formar uma calha com a sua língua, não adianta treinar. Por mais que se esforce, não vai conseguir compensar o fato de nenhum de seus pais ter transmitido o gene dominante responsável por essa característica. Na maioria das vezes, não se pode vencer a genética.

Nesse caso, opte pelo *shítkárí pránáyáma*. O procedimento é basicamente o mesmo: inspirar pela boca e expirar pelas narinas fazendo certa retenção com o ar nos pulmões, mas sem ritmo. A diferença é que você deve posicionar a ponta da língua de maneira que ela toque levemente os dentes incisivos superiores. Faça isso com os dentes cerrados e os lábios entreabertos. A sensação de frescor é bem parecida com aquela proporcionada pelo respiratório anterior.

Obviamente que essas técnicas não terão o mesmo efeito de um condicionador de ar. A sensação térmica faz você ter a impressão de que a temperatura reduziu, mas de forma bem sutil. Mesmo assim, pode haver uma influência positiva no seu rendimento.

Respiração nos ásanas

Existe um fator que torna a prática do Yoga ainda mais estimulante: o efeito de cada exercício realizado é praticamente nulo caso não seja combinado com outros procedimentos. E mesmo que seja combinado, também será quase inócuo se não for feito de forma constante.

Sendo assim, um mantra[21] só será realmente poderoso se for feito com o gesto adequado, a atitude interior específica, a posição correta e até a respiração ideal, além de outros detalhes.

Podemos dizer que na maioria das vezes somos literalmente obrigados a trabalhar a respiração durante os mantras. Os mais comuns são os do tipo *vaikhari*, aqueles vocalizados em volume de voz normal. Mesmo os mantras do tipo *upanshú*, sussurrados, exigem consciência na respiração, uma vez que o aparelho fonador está intimamente ligado ao aparelho respiratório. Já se imaginou tentando vocalizar um mantra, ou até cantar uma música

---

21. Vocalização de sons e ultrassons.

sem expirar o ar que está nos pulmões? Quanto som você conseguiria emitir caso estivesse com os pulmões cheios... e permanecesse assim?

É bem verdade que os mantras do tipo *manasika* podem ser executados com a respiração parada, uma vez que são feitos mentalmente. Também existem aqueles do tipo *likhita*, apenas escritos e não vocalizados. Mas ainda assim a respiração tem o poder de influenciá-los, de uma maneira mais sutil

Em técnicas sutis, como dhyánas[22], pújás[23] e mudrás[24], a respiração é imprescindível para conquistarmos a interiorização e o aquietamento necessários.

Durante as práticas de *kriyás*, atividades de purificação das mucosas, os respiratórios podem ser associados às técnicas, ou até mesmo se confundirem com elas, como é o caso do *kapálabhati*[25].

A descontração no *yoganidrá* só é possível se a respiração estiver condizente com as técnicas executadas, já que nesses momentos precisamos desacelerar o metabolismo e aquietarmo-nos física, emocional e mentalmente.

Visto que a respiração está intimamente ligada às principais técnicas do Yoga, vamos nos concentrar nos efeitos que ela promove sobre os ásanas, que são as técnicas corporais.

---

22. Dhyána é a técnica de meditação em que o praticante busca a parada das ondas mentais por meio de exercícios de concentração.

23. Pújá é a manifestação de uma atitude interior de gratidão profunda.

24. Mudrás são selos ou senhas para que o praticante conquiste estados específicos de consciência. Normalmente são gestos feitos com as mãos.

25. Esse *pránáyáma* já foi descrito no capítulo "Purificação orgânica".

Quem já pratica qualquer modalidade de Yoga sabe como é importante administrar a respiração durante as técnicas corporais de força, alongamento, flexibilidade e equilíbrio, entre outras. A respiração é um fator determinante de sucesso ou de fracasso na execução dos ásanas.

O ásana deve ser firme e confortável[26], mesmo que isso não pareça possível aos olhos de um iniciante. E tanto a firmeza quanto o conforto podem ser influenciados de maneira decisiva pela forma de respirar.

Durante a execução das técnicas corporais, seja qual for o ásana, a respiração deve ser profunda, consciente e ritmada. Obviamente que, em alguns casos, o praticante se permitirá respirar mais profundamente, e em outros, menos. Em determinados procedimentos, o ritmo da respiração poderá ser mais lento, enquanto em outras situações podemos e devemos respirar de maneira um pouco mais acelerada. Mas sempre mantendo um ritmo.

O que poucas vezes se altera com relação à respiração nos ásanas é o nível de consciência. Desde as técnicas corporais de relaxamento, até aquelas que exigem máximo esforço, todas demandam uma constante atenção do praticante na forma como ele respira, uma vez que essa concentração pode significar a diferença entre a conquista ou não dos objetivos buscados em cada posição.

---

26. Consulte a definição de ásana no capítulo "Técnicas corporais que aumentam a capacidade pulmonar".

Ásanas de equilíbrio são de grande desafio para os iniciantes. Durante sua execução, qualquer distração pode ser fatal, e é por isso que eles têm o poder de aumentar a capacidade de concentração do praticante. Esse é também um dos motivos pelos quais tais exercícios devem ser executados em praticamente todas as práticas de Yoga.

Se precisamos de concentração para permanecermos estáveis na posição, uma boa dica é utilizar o *brahmarí pránáyáma,* descrito no capítulo "Respiratórios para o dia a dia".

Com relação ao ritmo, devemos cuidar para que seja o mais simples possível, e que, portanto, não se torne uma dispersão e atrapalhe o equilíbrio. Seguindo essa linha de raciocínio, o ideal seria simplesmente não respirar. Mas isso só seria viável em caso de permanências muito curtas. Para permanecermos mais tempo na posição, precisaremos respirar, preferencialmente sem pausas. Evitaremos retenções com ou sem ar nos pulmões. A inspiração deverá ser seguida imediatamente pela expiração, de maneira fluida e constante. Isso, é claro, não vai impedir que as respirações sejam bem profundas, o que permite maior captação de bioenergia e, consequentemente, faz o ásana resultar em um *superávit* energético. No final de uma prática de Yoga, deveremos estar com mais energia e vitalidade do que no início. Nunca o contrário.

No caso de técnicas corporais de alongamento e de flexibilidade, a respiração deve ser diferente. Tomando como exemplo a posição demonstrada na figura seguinte, o *upavishtakonásana*, o ideal é que a exalação seja mais longa do que a inspiração.

94 | Respiração, Yoga e Autoconhecimento

Isso porque ásanas como esse exigem que a musculatura, os tendões, as articulações e até mesmo os feixes nervosos estejam descontraídos. É assim que os efeitos do alongamento e da flexibilidade se farão sentir de forma mais rápida e eficiente.

Acontece que, quando nos preparamos para executar o *upavishtakonásana*, o inconsciente envia um comando para que os grupos musculares que serão trabalhados se contraiam. É uma maneira de defesa, uma vez que na maioria dos casos nosso corpo não tem certeza se sabemos o que estamos fazendo. Na dúvida, a musculatura se retrai e impede que ultrapassemos um ponto que ainda está bem anterior ao nosso limite. A respiração nesse caso vai ser usada de duas maneiras distintas. Na primeira será estabelecida uma ponte entre o consciente e o inconsciente. São bem raras as nossas funções biológicas que podem funcionar tanto voluntária quanto involuntariamente; o ato de respirar é uma delas. Sendo assim, ao interferir conscientemente nessa atividade que poderia funcionar normalmente sem a nossa intervenção, estamos abrindo uma porta, um verdadeiro canal de comunicação que nos permitirá programar o inconsciente para que ele responda da maneira desejada.

No caso específico das técnicas de alongamento, a programação que faremos é para que, durante a execução, não seja enviado o comando automático de contração muscular, mas, sim, o oposto.

Outra importante forma de utilizar a respiração para conseguir um efeito sedativo e distensionador é o prolongamento da expiração. Você já percebeu em qual fase respiratória o suspiro se processa? Vamos fazer o teste agora mesmo. Que tal um gostoso espreguiçar? Nem é preciso mudar a posição em que você se encontra. Apenas entrelace os dedos das mãos, faça uma prazerosa tração da coluna, estendendo os braços acima da cabeça e... suspire! Um longo suspiro.

Você acaba de comprovar que a exalação longa e lenta tem a propriedade não apenas de descontrair, mas também de proporcionar bem-estar. Nas técnicas de alongamento das fibras musculares, essa expiração contribuirá também para sedar a região e permitir maior conforto durante a permanência.

Não é preciso utilizar ritmos complexos, tampouco prolongar muito essa terceira fase da respiração, que os mestres da antiguidade deram o nome de *rechaka*. Inspirar em quatro segundos e soltar o ar em seis já é um excelente começo.

Vamos ver agora os ásanas musculares, que são aqueles em que o praticante conquista força, resistência e tônus muscular. Esse grupo de técnicas costuma exercer certo fascínio, especialmente nos praticantes mais novos. Esses ásanas são extremamente úteis não apenas no que diz respeito ao conhecimento de si mesmo e à modelagem do corpo, mas também como importantes ferramentas de autossuperação.

Para conhecer os vários musculares existentes, consulte a obra *Técnicas Corporais do Yôga Antigo*, de Melina Flores.

Para as células musculares agirem como se espera em ásanas de força, como o *chatuspádásana* da imagem anterior, por exemplo, elas precisam gerar grande quantidade de energia. E isso é alcançado por meio de reações químicas que são realizadas em um dos elementos presentes nas células: as mitocôndrias.

O processo é simples e demanda apenas duas substâncias: GLICOSE, composta de átomos de carbono, e OXIGÊNIO, que será utilizado para oxidar a glicose, quebrando suas moléculas. Essa quebra é a grande responsável pela geração de energia.

Com essa resumida explicação fica claro que, se precisamos aumentar a produção energética, é imprescindível que tenhamos dentro do organismo quantidades suficientes das substâncias mencionadas.

Se por um lado a glicose pode ser obtida por meio de uma alimentação saudável e diversificada, por outro, dependemos da respiração para termos sempre boa quantidade de oxigênio nas células. E essa quantidade vai depender da demanda energética.

Ásanas musculares exigem mais energia, portanto, mais oxigênio. Devemos então permanecer respirando amplamente durante tais técnicas, em vez de prender o fôlego como quase todos os iniciantes fazem.

Na segunda parte deste livro já vai dar para ver que não é apenas uma mistura de gases o que absorvemos a cada inspiração. O prána, ou bioenergia, também é bombeado para dentro do organismo, e é indispensável para a vida e para todas as funções biológicas – inclusive para o trabalho muscular. Mais um motivo para capricharmos na respiração.

O ritmo, obviamente, deve ser diferente daquele empregado quando queremos descontrair. Sugerimos inspirações bem longas e profundas.

Retenções devem ser evitadas, a menos que você tenha uma excelente capacidade pulmonar. Mesmo assim, nesse caso *kúmbhaka* e *shúnyaka*, que são as retenções com e sem ar, respectivamente, devem ser curtos.

A exalação deve ser breve, mas eficiente. Já mencionamos que é fundamental esvaziar os pulmões o máximo possível para eliminar os resíduos dos processos químicos e para permitir uma inspiração mais completa no ciclo seguinte.

Resumindo, inspire longa e profundamente e, logo em seguida, expire de forma rápida.

Em relação aos ásanas invertidos, aqui vão algumas instruções sobre a respiração durante a execução das técnicas. Qualquer que seja a posição escolhida, seja uma das várias invertidas sobre os ombros (*viparíta karanyásanas, sarvangásanas, halásanas*), sobre a cabeça (*shirshásanas, kapálásanas*), sobre os antebraços (*pincha mayurásanas, vrishkásanas*), seja sobre as mãos (*mahá kakásanas, vrishkásanas*), as retenções com e sem ar devem ser evitadas. Mantenha a respiração fluida e natural.

Sarvangásana　　　　Shirshásana

Respiração nos ásanas | 99

pincha mayurásana   mahá kakásana

Mesmo que possam ser executadas técnicas respiratórias mais avançadas, recomendamos que você não as utilize durante as invertidas, a menos que seja por orientação de um instrutor formado que acompanhe de perto o seu treinamento e conheça bem o seu grau de adiantamento.

Como tudo no Yoga, é fundamental que você coloque em prática o que aprendeu até agora e não fique só na teoria. Incorpore esses ensinamentos no seu dia a dia e pratique-os com disciplina.

Que tal começar agora mesmo? Antes de virar a página e passar à segunda parte do livro, escolha um dos vários respiratórios que aprendeu e execute-o durante algum tempo. Um minuto? Dois? Vários? Depende de você. Depois, aceite o convite para seguir conosco nessa viagem pelos condutos respiratórios, mas agora curtindo aspectos mais sutis e surpreendentes.

Parte II

A expansão da bioenergia (manasika)

O que é prána

Esta segunda parte da obra vai exigir um pouco mais de dedicação do leitor. Aqui serão abordados temas mais sutis e ligeiramente mais complexos, ignorados pela maioria das pessoas.

Ao contrário do conteúdo exposto até agora, as informações não podem ser confirmadas em livros de anatomia, fisiologia ou em outros textos do mundo acadêmico. Tudo o que for explanado a partir desta página só deve ser incorporado ao seu patrimônio cultural depois que você verificar em si mesmo o funcionamento de cada técnica.

Mais do que mostrar o que é o prána, o que são as nádís e como eles funcionam, queremos indicar o caminho para que você descubra por conta própria. E o caminho mais rápido que conhecemos é o Yoga, cuja uma de suas técnicas é o *pránáyáma* – expansão da bioenergia, principalmente por meio de respiratórios.

Em vez de simplesmente acreditar em tudo o que está escrito aqui, verifique, por meio do estudo de si mesmo, o que ensinamos. Talvez ainda seja cedo para que você consiga chegar lá. Nesse caso, guarde a informação em algum lugar na sua mente, ainda sem enxergá-la como verdade absoluta. Mais cedo ou mais tarde o seu estágio evolutivo permitirá a perfeita compreensão do assunto.

Prána é o nome genérico que se dá a qualquer forma de energia manifestada biologicamente[27].

Muitas vezes chamado simplesmente de bioenergia, o prána é capaz de se manifestar de várias maneiras diferentes e pode se apresentar como energia térmica, eletricidade, magnetismo, etc. Isso quando se trata de um ser vivo, podendo ser do reino vegetal ou animal.

Aliás, essa é a energia responsável pela vida. A grande diferença entre os seres vivos e os inanimados é exatamente a energia... a bioenergia. Em um mineral, o prána não se manifesta, ao contrário do que acontece com uma árvore, por exemplo. Quando uma árvore morre, vai perdendo o prána pouco a pouco, até que a energia vital se esvaia por completo. O mesmo ocorre conosco, seres humanos.

Nas suas primeiras aulas de física, provavelmente você aprendeu que a energia se transforma e se renova. Para avivar sua memória, utilizemos o exemplo clássico das usinas hidroelétricas. A água represada possui energia potencial gravitacional, que depois é transformada em energia cinética que movimenta os geradores que, por sua vez, a transformam em energia elétrica, que na sua

---

[27]. Definição publicada no livro *Chakras, Kundaliní e Poderes Paranormais*, de DeRose.

casa pode ser convertida novamente, desta vez em energia térmica. O ciclo não termina aí, pois a energia térmica pode voltar a ser cinética, ou potencial, etc.

A bioenergia não tem sua origem nas águas de uma represa, mas, sim, no sol. A partir daí, ela pode se manifestar de várias maneiras, sendo convertida e transmitida de um ser – vivo ou não – a outro. Encontramos prána no ar que respiramos, na água que bebemos e nos alimentos que ingerimos.

É fácil compreender que quanto maior a quantidade de prána de um indivíduo, mais disposição, vitalidade e saúde ele terá. Sendo assim, é importante mencionarmos as principais formas pelas quais podemos captar essa energia.

Alimentos

Alimentos em geral contêm prána. Uns mais, outros menos. Exemplos de alimentos que quase não têm prána são as carnes, porque os animais perdem a bioenergia muito rapidamente logo após a morte. Claro que se você caçar um pobre cervo e devorá-lo imediatamente, como fazem os animais carnívoros, você vai conseguir uma boa quantidade de energia vital. Mas é bem provável que você não sobreviva a essa experiência, pois seu aparelho digestivo não é nem de perto parecido com o de um leão.

Alimentos industrializados, repletos de aditivos químicos, também são bioenergeticamente pobres, já que boa parte do prána se perde no processo industrial e nas reações químicas geradas pelos conservantes, acidulantes, aromatizantes, entre outros produtos.

106 | Respiração, Yoga e Autoconhecimento

Frutas, raízes, brotos, grãos germinados, folhas e alimentos crus em geral são repletos de bioenergia. Mas apesar de ser uma boa sugestão cozinhar pouco os alimentos, tome cuidado. Lembre-se de que você não se alimenta apenas para captar energia vital. Sua alimentação deve ser nutritiva, saborosa, colorida e muito prazerosa.

Água

A água que contém maior quantidade de bioenergia é aquela que encontramos na natureza. Mas como não podemos nos dar ao luxo de interromper várias vezes nosso dia para nos deslocarmos até uma nascente, e são poucos aqueles que têm o privilégio de viver ao lado de uma, a água mineral engarrafada é uma boa opção.

A água que passa por tratamento e depois percorre vários quilômetros por uma tubulação escura e sem ventilação, bom... esta perde boa parte do prána. Dê preferência mesmo à água mineral, mas procure fazer um rodízio das marcas para ficar bem suprido com relação aos sais minerais. Isso também vai proteger você de uma possível intoxicação provocada por acúmulo de alguma substância que porventura se encontre em uma fonte específica.

Caso considere necessário ingerir água com maior concentração de bioenergia, existe um processo muito simples de "pranificação". Basta deslocar sucessivas vezes a água de um copo para outro, durante quanto tempo desejar. Quanto mais deslocamentos, maior o efeito.

Outros seres vivos

Os seres vivos são repletos de energia vital, mas isso não quer dizer que a única forma de assimilarmos essa energia seja nos alimentando deles. No caso de seres humanos, o prána pode ser transmitido de uma pessoa para outra pelo toque e por mentalizações.

Ar

Para o nosso estudo, essa é a fonte mais importante de prána. Portanto, é sobre ela que vamos ver um pouco mais.

Dependendo do tipo de ambiente, a quantidade de bioenergia no ar pode variar. Um lugar com muita vegetação nativa e com grande biodiversidade costuma oferecer um ar com muito mais energia benéfica do que aquele encontrado em grandes cidades pouco arborizadas e repletas de indivíduos estressados que transbordam emoções pesadas.

Por esse motivo, para fazer suas práticas e se aprimorar como yogin, escolha um local bem confortável e ventilado. Independentemente de ser um ambiente a céu aberto ou um lugar mais reservado, procure utilizar sempre o mesmo espaço, impregnando-o com bioenergia *sádhana*[28] após *sádhana*, *pránáyáma* após *pránáyáma*.

---

28. *Sádhana* é um termo sânscrito que designa a prática diária de Yoga. Pode ser traduzido simplesmente como prática.

Toda essa energia presente no ar é constantemente captada por nós de duas formas distintas. Uma pela respiração, e outra pelo contato do ar com nossa pele.

Em ambos os casos, a absorção da bioenergia é realizada mesmo quando não tomamos consciência do fato, mas se torna muito mais eficiente quando colocamos intenção ou, em sânscrito, *sankalpa*.

Eis mais um bom motivo para mantermos nossos corpos menos cobertos por roupas, que impedem o contato da pele com o ar. Encontre algumas circunstâncias em que estar nu não signifique uma atitude transgressora e entregue-se à gostosa sensação de captar prána através de todos os seus poros.

Se você não morar em uma cidade muito fria, dormir sem roupas pode ser uma excelente opção. Especialmente se o seu trabalho exigir que você passe grande parte do dia de terno e gravata ou trajes similares que cubram toda a extensão da pele, exceto as mãos e o rosto.

Normalmente as mulheres têm mais opções no que diz respeito a vestimentas sociais. Utilizando o bom senso, é possível ser muito elegante sem deixar o maior órgão do corpo humano, a pele, perder o contato com o ar.

Mas se o simples toque do ar em nossa pele nos permite captar bioenergia, imagine o que podemos fazer utilizando o aparelho respiratório. Essa é a nossa maior ferramenta para bombearmos energia vital para dentro do nosso corpo.

Os mestres da Antiguidade[29] perceberam que essa captação é maximizada quando os exercícios respiratórios são acompanhados de mentalizações. É quando ocorre um belíssimo fenômeno que transforma simples exercícios respiratórios em poderosos *pránáyámas*, as técnicas de captação e expansão da bioenergia.

---

29. Lembre-se de que o Yoga foi criado há mais de 5.000 anos.

Tipos de prána

Já dissemos que prána é um nome genérico, utilizado para designar qualquer forma de energia, desde que manifestada biologicamente.

Para ser mais específicos, vou apresentar os cinco tipos de prána que se manifestam em nosso corpo. Cada um deles tem uma função diferente, assim como são dessemelhantes também no que diz respeito à localização e à área de atuação.

Prána: um dos tipos específicos chama-se exatamente prána, e é o grande responsável pelo abastecimento energético do organismo. Situado na região do peito, atua principalmente no movimento inspiratório.

Apána: localizado na região do ânus, sua principal função é excretar e eliminar urina, fezes, sêmen, gás carbônico, etc. Tem relação direta com a expiração.

Por terem polaridades opostas, o contato do apána com o prána gera uma faísca. Dependendo da quantidade de bioenergia envolvida, pode até haver o despertar de uma energia ígnea que temos na base da coluna, o que pode catapultar o praticante a estágios evolutivos inimagináveis.

Samána: prána que atua no processo digestivo. É ele que alimenta o fogo gástrico e proporciona a energia necessária para a perfeita digestão dos alimentos. Está situado na região abdominal.

Udána: localizado na garganta, o *udána* age não apenas na deglutição, como também confere energia para a fala.

Vyána: diferentemente dos outros pránas, o *vyána* não se concentra em alguma parte específica do corpo, mas está presente em todo o organismo, uma vez que é o responsável por manter o aparelho circulatório funcionando.

Além das mencionadas funções de cada prána, todos eles atuam também de maneiras mais sutis, tanto na área emocional quanto na mental. E ainda existem os subpránas ou upapránas, que possuem as atribuições relacionadas a seguir[30]:

Nága: localizado no estômago, nága alivia a pressão de gazes na região abdominal, através de erucção.

Kúrma: subprána que tem a função de fazer os olhos piscarem, protegendo-os, limpando-os e umedecendo-os. Está situado na musculatura dos olhos e das pálpebras.

---

30. Para um estudo mais detalhado sobre pránas e subpránas, recomendamos a participação no curso "O Mundo da Bioenergia" com o Mestre Carlos Cardoso.

Kritaka: apesar de parecer um upaprána inconveniente, o *kritaka* exerce as importantes funções de segurança e de limpeza das vias respiratórias, e é o responsável pela tosse, pelo espirro, pela coriza, etc.

Devatta: localizado no sistema nervoso central, o *devatta* nos induz ao sono, permitindo ao nosso corpo o descanso necessário, e também está presente na mandíbula, relacionado diretamente ao bocejo.

Dhananjaya: vamos torcer para que você não trave contato com esse subprána tão cedo. Isso porque ele só atua depois que passamos aos planos invisíveis. *Dhananjaya* é responsável pelo início do processo de decomposição do organismo após a morte.

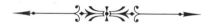

As nádís

Toda essa energia já mencionada precisa de um sistema de distribuição eficiente para que possa chegar a cada uma de nossas células. Não basta captarmos o prána, é preciso conduzi-lo por canais específicos.

Como exemplo, observe nosso aparelho circulatório. O sangue oxigenado pelos pulmões percorre todo o corpo através de vasos arteriais, venosos e capilares. Da mesma maneira, o sistema linfático se utiliza de vasos e capilares para transportar a linfa, indispensável para a purificação e para o sistema defensivo do organismo.

Os canais que permitem a condução da bioenergia até a totalidade dos nossos órgãos, tecidos e células são chamados de nádís[31] e se assemelham muito aos vasos sanguíneos.

---

31. Em sânscrito, *nádí* significa "rio, torrente, corrente". É o feminino de *náda*, traduzido como "som".

116 | Respiração, Yoga e Autoconhecimento

Assim como as principais artérias possuem um calibre maior e a partir delas vão surgindo ramificações menores, o mesmo ocorre com o aparelho de circulação *prânica*.

A ciência ainda não desenvolveu técnicas capazes de mapear a localização de cada nádí e, por isso, dependemos da auto-observação para identificarmos onde estão os canais principais. A partir deles, imaginamos a estrutura de ramificação, uma vez que é impossível observarmos com exatidão onde se encontram os vasos menores.

Em antigas escrituras, encontramos um número simbólico de 72 mil nádís. Outros textos mencionam 350 mil. E antes que o leitor possa considerar esses números excessivos, vale lembrar que a ciência moderna estima que a quantidade de vasos capilares do sistema sanguíneo ultrapassa a barreira dos 10 bilhões.

Pensando assim, chegamos à conclusão de que um número de cinco dígitos parece ser realmente distante da realidade, provavelmente bem menor que a quantidade exata.

Existe uma tendência a imaginarmos que a bioenergia se limita a circular dentro das fronteiras do corpo físico denso. Devemos quebrar esse paradigma e saber que as nádís ultrapassam os limites da pele. Essa distância, assim como a quantidade de condutos de bioenergia, é variável de pessoa para pessoa.

Nosso corpo energético, também chamado de físico sutil, tem dimensões diferentes daquele que costumamos chamar simplesmente de corpo, feito de matéria densa.

Apesar de não sermos capazes de distinguir todas as nádís que percorrem nosso corpo, algumas são bem perceptíveis e podem ser facilmente identificadas.

A principal delas tem o nome de *sushumná* e está situada ao longo do eixo da coluna vertebral. O estudo desse canal energético é de fundamental importância, pois é na raiz da coluna vertebral que está adormecida a energia ígnea denominada *kundaliní*, uma força colossal, mas pouco conhecida. Quase todas as pessoas, vivem e morrem sem sequer saber que essa energia existe.

A *sushumná nádí* tem início na base da coluna; na outra extremidade, no topo da cabeça, encontra-se um dos sete chakras[32] principais, o *sahásrara* ou chakra das mil pétalas. *Sushumná* é, portanto, o canal de energia onde se processa o mais importante fenômeno do Yoga, a ascensão da *kundaliní* até o *sahásrara*.

Quando o praticante consegue despertar a *kundaliní*, deve fazê-la subir através de *sushumná*, dinamizando os chakras. Ao chegar ao último centro de força, o *sahásrara*, ocorre a eclosão do *samádhi*, o estado de hiperconsciência, de megalucidez, que só pode ser atingido com a prática constante, disciplinada e diligente do Yoga. Segundo Sri Swami Sivananda Saraswati, autor de mais de trezentos livros sobre o tema, o *samádhi* é a própria meta do Yoga.

---

32. Chakras são centros de força, responsáveis pelo armazenamento e pela distribuição da bioenergia. Assim como no caso das nádís, sua quantidade também é indeterminada. Existem sete chakras principais, cujas raízes estão situadas ao longo de *sushumná*.

Portanto, tudo que fazemos nas práticas deve ter como objetivo final a ascensão de *kundaliní* até o alto da cabeça, percorrendo toda a extensão dessa principal *nádí* chamada *sushumná*.

Duas outras nádís, *idá* e *pingalá*, podem ser consideradas irmãs e são de grande importância. Elas começam nas narinas e fazem um percurso sinuoso descendente, serpenteando *sushumná*, até chegar à base da coluna.

- *Idá* é de polaridade negativa e tem sua origem na narina esquerda. Em forma de helicoidal, esse canal de energia desce até o testículo ou ovário direito.
- *Pingalá* é como um espelho de *idá*. Tem polaridade positiva e começa na narina direita. Também forma uma helicoidal descendente até o testículo ou ovário esquerdo.

A próxima figura[33] permite uma melhor compreensão do mapa das principais nádís, e também dos principais chakras.

Não é difícil identificar essas nádís dentro de nós. Que tal tentar observá-las agora mesmo? Sente-se com a coluna ereta e faça várias respirações profundas. Não tente imaginar a localização delas e não se deixe influenciar pela ilustração ou pelo conteúdo já explanado. Apenas sutilize suas percepções e tenha a intenção de sentir o fluxo da bioenergia.

---

33. Extraída do livro *Tratado de Yôga*, de DeRose.

Naturalmente os praticantes mais adiantados terão mais facilidade, mas todos podem perceber as nádís. Apesar de não ser uma regra, na maioria dos casos *idá* e *pingalá* são mais facilmente identificadas na inspiração, enquanto *sushumná* costuma ser notada principalmente durante a retenção do ar nos pulmões.

Não se incomode se ainda não conseguiu; não desista. Continue fazendo esse estudo sobre si mesmo[34]. Você perceberá que este processo de auto-observação é extremamente prazeroso e gratificante.

Se for possível, intensifique suas práticas diárias. Peça orientação a um instrutor. Assim, as nádís "surgirão" para você como que por mágica.

---

34. Em sânscrito, *swádhyáya*. Constitui um dos *yamas* e *nyamas* da obra clássica *Yôga Sútra de Pátañjali*.

Purificação sutil

Todos sabemos o que ocorre quando uma tubulação encarregada de transportar água fica obstruída. Na maioria dos casos, o líquido simplesmente não consegue passar. Em outras situações, quando a pressão é maior, surgem até fissuras nos canos, o que acarreta indesejáveis vazamentos com consequências muitas vezes desastrosas.

Pois é exatamente isso que acontece se você não cuidar do asseio de suas nádís. A princípio, a energia passará a fluir com dificuldade, diminuindo a vazão. Dependendo do grau de obstrução, o fluxo pode ser interrompido, fato extremamente prejudicial à sua saúde física, emocional e mental.

Problemas ainda mais graves podem ocorrer se, além de não cuidar da purificação dos canais energéticos, o praticante ainda resolver por conta própria utilizar técnicas adiantadas que trabalham a energia de uma maneira mais intensa. Seria como colocar muita pressão de água em uma mangueira frágil e obstruída. Impossível outro resultado que não seja o rompimento desse conduto.

122 | Respiração, Yoga e Autoconhecimento

Para que isso não ocorra, em primeiro lugar você deve ter o acompanhamento de um Mestre antes de se aventurar em técnicas que trabalhem um potencial energético muito grande. Em geral, por questão de segurança, esse tipo de procedimento não é transmitido pelos livros. De qualquer maneira, se em algum momento você tiver dúvida, não execute o que está sendo sugerido antes de conversar com um instrutor formado.

Independentemente de utilizar técnicas poderosas ou não, é essencial que cuidemos da limpeza das nádís. É muito fácil percebermos que a bioenergia circula de forma mais livre e abundante se os canais energéticos estiverem desobstruídos. E o resultado é um acréscimo significativo na vitalidade e na energia interna do organismo.

Se quisermos manter qualquer tipo de ambiente limpo, o mais fácil é começar evitando que ele se suje. O mesmo acontece com nossos canais energéticos. São duas as principais fontes de resíduos que se acumulam nas nádís: a alimentação e as emoções.

No capítulo "O que é prána" falamos sobre a captação de bioenergia por meio dos alimentos que ingerimos. Mas, dependendo da qualidade de suas refeições, você pode estar não apenas adquirindo pouca quantidade de energia vital como também contribuindo para obstruir seus canais energéticos.

Mais uma vez somos obrigados a comentar sobre o consumo de carnes de animais. Tão logo esses seres perdem a vida, o *dhananjaya*[35] dá início ao processo de decomposição. E por mais aditivos químicos que a indústria

---

35. Subprána descrito no capítulo "Tipos de prána".

alimentícia utilize para mascarar o fato, a verdade é que quando chegam a sua mesa as carnes já estão em adiantado estado de putrefação.

O resultado é que você se alimenta de uma grande quantidade de toxinas que se acumulam nas nádís. Com certeza o leitor já ouviu falar de colesterol e de como ele se acumula nas paredes dos vasos sanguíneos e chega a provocar infartos e derrames. Pois o efeito das toxinas advindas do consumo de cadáveres de animais é muito parecido, com a diferença de que ocorre na área energética. A carne não é o único tipo de alimento que contém resíduos indesejáveis. Em geral, o consumo excessivo de laticínios também é desaconselhável, assim como o de frituras.

Outro importante cuidado que devemos tomar para evitar que os condutos energéticos de nosso organismo sejam conspurcados com resíduos tóxicos é a administração de nossas emoções.

Medo, ódio, ciúme, inveja e cobiça são exemplos de sentimentos pesados e viscosos. Certamente você já travou contato com pelo menos uma dessas emoções e pôde constatar o prejuízo imediato para sua saúde. O mal-estar que se sucede a ataques de ciúme vai muito além do emocional. A dor de cabeça gerada pelo medo no final de um filme de terror é muito física. O embrulho no estômago que surge logo depois de sentirmos ódio também ultrapassa a barreira do psiquismo e chega ao corpo físico denso.

Todos esses são sinais clássicos de intoxicação. São provas de que tais sentimentos pesados segregam toxinas no organismo. E se os sintomas como mal-estar e tonturas são passageiros, sobre as nádís os efeitos são duradouros.

124 | Respiração, Yoga e Autoconhecimento

Tais detritos se acumulam em nossos canais de bioenergia e exigem grande esforço para serem retirados. Por isso é importante que evitemos emoções pesadas, aprendendo a lidar com as situações do dia a dia. Uma solução inteligente é procurar substituir esses sentimentos pesados por outros que sejam semelhantes, mas ao mesmo tempo mais leves.

Em vez de reagir a um estímulo com ódio, programe-se para responder com um pouco de raiva passageira, o que pode até lhe conferir força para resolver o problema. No lugar de sentir inveja pela conquista de alguém, procure transformar esse sentimento em uma admiração positiva, que vai estimulá-lo a obter o seu próprio sucesso.

Esse tipo de troca saudável pode ser feito em qualquer circunstância. Basta que você realmente se proponha a fazê-lo e esteja preparado para não reagir inconscientemente a tudo o que lhe acontece.

***

No entanto, evitar ao máximo a poluição das nádís – adotando uma alimentação adequada e administrando as emoções – não é suficiente para mantê-las em perfeito estado de conservação.

Na primeira parte deste livro, no capítulo "Purificação orgânica", falamos sobre a limpeza das vias respiratórias. Assim como existem técnicas para purificação do corpo físico, há outras que proporcionam a desobstrução do corpo energético.

Um procedimento bem simples para desesclerozar os condutos de prána se baseia em uma espécie de erosão natural. O simples fato de estimular a passagem da bioenergia em quantidades moderadas já faz com que o caminho se torne mais limpo, assim como uma trilha na mata fica cada vez mais acessível à medida que um número maior de pessoas a utiliza.

O acervo do Yoga conta com uma ferramenta bem mais poderosa para realizar o trabalho de desobstrução dos canais energéticos. Trata-se do mantra – vocalização de sons e ultrassons.

Não por acaso, é muito comum que em uma prática de Yoga, o mantra apareça imediatamente antes do *pránáyáma*. A vocalização de sons e ultrassons abre caminho para que as técnicas de respiração atuem de forma mais intensa.

Esse não é o único efeito dos mantras, mas é o principal, pelo menos na prática para alunos que ainda não tenham conquistado estágios mais evoluídos.

O processo de limpeza é explicado pela atuação dos ultrassons. Essas ondas sonoras com frequência superior àquela que nós, humanos, podemos perceber, fazem nossos canais de energia vibrarem, removendo os detritos neles acumulados.

Notemos que se trata de um fenômeno absolutamente natural, que responde às leis da física. Aliás, não são apenas os yogins que utilizam o ultrassom para efetuar limpezas profundas e precisas. Na odontologia, essas ondas sonoras podem ser usadas não apenas para remoção de tártaro como também para limpeza do ferramental como brocas e limas usadas em endodontia. Joalherias, relojoarias e óticas utilizam ultrassons para obter limpeza de joias, pedras preciosas, mecanismos e até lentes de óculos. Na área cirúrgica, ferramentais, cateteres e sondas também são higienizados dessa forma. Poderíamos citar vários outros exemplos, mas acreditamos que esses já são suficientes para demonstrar que a atuação dos ultrassons é real e muito comum.

Para que tenham os efeitos desejados na limpeza dos canais energéticos, os mantras devem ser aprendidos diretamente com um instrutor. Como devem ser executados sempre em uma língua morta, o que previne desvios gerados pela evolução dos idiomas e, preferencialmente, em sânscrito[36], existem algumas nuances na pronúncia que são impossíveis de serem ensinadas em livros.

Para se familiarizar com os mantras do tipo *kirtan*, que são vocalizados com melodia e geram extroversão, recomendamos o cd *Kirtans Antigos da Índia,* gravado pelo Mestre Carlos Cardoso.

Já com relação a mantras do tipo *japa*, aqueles que não têm tradução ou melodia e geram efeitos mais poderosos, podemos utilizar o *OM*. Apesar de ser importante aprender com um instrutor a pronúncia correta e as formas de vocalizá-lo, esse mantra não tem contraindicação. Para um melhor efeito de purificação das nádís, o *OM* deve ser executado logo após os *kirtans* e antes dos *pránáyámas*, com apenas alguns breves instantes de silêncio para que os efeitos dos ultrassons sejam assimilados.

---

36. Língua morta da Índia Antiga.

Expandindo a bioenergia

Agora que já estudamos um pouco sobre como funciona nosso corpo energético e já iniciamos um processo de purificação das nádís, está na hora de fazer a bioenergia circular pelo nosso corpo.

Ao executar exercícios respiratórios acompanhados de ritmo, mentalização e outras técnicas, vamos fazer o prána se expandir em nossos corpos sutis. Vamos trabalhar juntos para que possamos bombear grande quantidade de energia para dentro do nosso organismo e, com isso, conquistar o *superávit* energético necessário para o desenvolvimento interior acelerado e a consequente expansão da consciência.

Uma excelente maneira de iniciar esse processo é por meio da execução do *manasika pránáyáma*. Trata-se da respiração completa, descrita na primeira parte do livro, somada a uma mentalização. Como na nossa cultura a prática é muito mais importante do que a teoria, sugerimos que você siga as inscrições descritas a seguir:

Durante uma lenta e profunda inspiração, mentalize milhares e milhares de partículas bem pequenas e muito brilhantes penetrando por suas narinas. Quando estiver com os pulmões cheios, visualize toda essa bioenergia sendo distribuída pelo seu corpo, energizando e revitalizando cada célula. Durante a expiração, mentalize que todo o seu corpo passa a brilhar intensamente, não apenas por dentro, mas também por fora.

Pronto. Essa opção de mentalização é realmente bastante simples, porém é muito eficiente. É comum que o praticante considere esse exercício muito fácil e que se apresse em conhecer técnicas mais elaboradas, o que a meu ver não é um procedimento correto.

Treine o *manasika pránáyáma* durante vários minutos, pelo menos uma vez por dia. Dedique-se a esses passos iniciais e, com certeza, será recompensado mais adiante. Mais do que simplesmente imaginar a bioenergia, procure efetivamente senti-la na intimidade de suas células. Observe em si mesmo o efeito positivo que uma técnica simples como essa exerce sobre seu estado geral de saúde e sua disposição para trabalhar, estudar, sorrir, amar e viver.

Assim como acontece com todos os procedimentos que fazem parte do acervo da nossa modalidade, vai chegar um momento em que a satisfação gerada pela expansão da bioenergia será tão grande que você vai querer passar seus dias inteiros praticando. Então será necessário bom senso para saber quando encerrar o exercício.

À medida que você considerar que já está suficientemente treinado na técnica descrita acima, poderá incluir nos exercícios respiratórios ritmos, bandhas[37], ou os dois. Uma das mais poderosas técnicas é o *bandha kúmbhaka pránáyáma*.

Antes de estudarmos e praticarmos esse *pránáyáma*, vale a pena conhecer um pouco melhor cada uma das quatro fases da respiração.

Púraka: é a primeira fase da respiração: a inspiração, que é a parte mais prazerosa de todo o processo, especialmente se for feita sem a preocupação de preencher cem por cento da capacidade volumétrica dos pulmões.

Kúmbhaka: é a retenção do alento, o momento em que permanecemos com a respiração parada e o ar nos pulmões. Salvo em casos excepcionais, deve ser moderada e respeitar o limite do conforto.

Rechaka: exalação ou expiração. Para que seja agradável, é necessário que a retenção do ar na fase anterior não seja exagerada.

Shúnyaka: última fase da respiração, quando é realizada a retenção sem ar. Só deve ser utilizada por alunos mais adiantados, ou por iniciantes que contem com um acompanhamento presencial de um instrutor.

---

37. Bandhas são fechos ou compressões de plexos e glândulas. Esse assunto será detalhado no próximo capítulo.

A compreensão das quatro fases da respiração é necessária para que possamos executar com sucesso os respiratórios ritmados. Em tais exercícios, devemos contar mentalmente a duração de *púraka*, *kúmbhaka*, *rechaka* e, em alguns casos, *shúnyaka*.

Se você sentir um pouco de dificuldade para marcar o tempo, ou perceber que acelera ou desacelera a contagem involuntariamente, pode utilizar um metrônomo, um pequeno aparelho que ajuda os músicos a não perderem o compasso. Mas evite utilizá-lo sempre, caso contrário você jamais será capaz de fazer a contagem sozinho, que é o ideal. Esse tipo de recurso externo é válido quando contribui com o aprendizado, sem criar dependência.

Pránáyáma

Prána, a energia vital, penetra nosso corpo
pelos labirintos respiratórios.
Leva a bênção da vida até o nosso peito
e, dele, para todo o nosso ser, físico e sutil.
Prána, a energia biológica
sem a qual nenhuma forma de vida
animal ou vegetal seria possível.
Prána, que traz a cura e a regeneração celular.
Para viver, todos os seres precisam respirar.
Respirando, incrementamos vitalidade,
revitalização, reconstituição dos tecidos,
insuflando-lhes a própria vida.
Controlando os ritmos respiratórios,
dominamos nossas emoções e nossas ações.
Alterando os níveis de profundidade da respiração,
conquistamos novos estados de consciência.

> Interferindo voluntariamente
> no ato respiratório, cruzamos a fronteira
> entre o consciente e o inconsciente.
> Isso é pránáyáma!
>
> DeRose

O *bandha* kúmbhaka *pránáyáma*, também chamado simplesmente de *kúmbhaka bandha*, é feito com uma respiração completa e inclui ritmo e bandhas. Trata-se de uma poderosa ferramenta de evolução que, quando bem treinada e bem executada, proporciona estados de consciência surpreendentes.

Iniciantes devem utilizar o ritmo 1-2-1, ou seja, inspirar em um tempo[38], reter o ar nos pulmões o dobro desse tempo e expirar com um tempo igual ao da inspiração. Depois de algum período de prática, quando estiver mais familiarizado com respiratórios ritmados, você deverá trocar o ritmo para 1-4-2.

A seguir será feita a descrição pormenorizada da variação para quem está começando. Apesar de poder utilizar a mesma mentalização aplicada anteriormente no *manasika pránáyáma*, vou sugerir outra para o *kúmbhaka bandha*, um pouco diferente:

Inspire profundamente contando três segundos, tombando a cabeça para trás. Durante essa fase, mentalize que a bioenergia, com uma cor dourada, vai se acumulando em *sushumná*. Como já vimos, essa é nossa principal nádí,

---

38. Nas antigas escrituras, a unidade de tempo para marcar a contagem de *pránáyámas* era o mantra, que corresponde a quase um segundo.

132 | Respiração, Yoga e Autoconhecimento

situada no eixo da coluna vertebral, e ao longo desse canal energético estão situados os sete chakras principais, os vórtices de energia responsáveis por armazenar e distribuir o prána.

Conte então o dobro do tempo – no caso, seis segundos – enquanto permanece com os pulmões cheios. Com a cabeça ainda tombada para trás, pressione com força a ponta da língua no palato mole, aquela região macia do céu da boca situada próximo à garganta. Durante essa fase, mentalize que a partir de *sushumná,* ou dos chakras principais, a bioenergia é distribuída para todo o corpo através da enorme quantidade de canais energéticos. Assim, você confere força, saúde e vitalidade para cada célula do seu organismo.

Finalmente, expire contando os mesmos três segundos que marcaram o tempo da inspiração. Faça isso tombando a cabeça para frente até pressionar o queixo no peito. O abdômen é contraído com força, sendo projetado para dentro, para cima e para trás. Os esfíncteres do ânus e da uretra também são contraídos firmemente. Enquanto solta o ar, mentalize que seu corpo se transforma em uma fonte de luz, iluminando tudo à sua volta e lançando no ambiente aquilo que você tem de melhor, tornando o local ainda mais propício para suas práticas e sua evolução.

Terminada essa fase, é hora de começar tudo de novo, dando início a um novo ciclo.

Nesse exemplo, utilizamos três segundos para *púraka* e *rechaka*, e seis segundos para *kúmbhaka*. Mas esse tempo pode ser alterado de acordo com sua vontade e sua capacidade pulmonar. O que importa em uma respiração ritmada é a proporção entre as fases. Você pode fazer o mesmo exercício inspirando e expirando em dez ou quinze segundos, e retendo o ar durante vinte ou trinta segundos, respectivamente. Para encontrar o tempo ideal, é muito simples. Faça sempre o maior tempo possível, desde que seja confortável. Se você não for capaz de realizar cinco ciclos seguidos com a duração escolhida, ou se estiver ofegante ao final do *pránáyáma*, então deve utilizar tempos menores.

Respirar não é uma competição, e o grau de adiantamento de um praticante não está relacionado ao tempo que ele consegue reter o ar nos pulmões. Vale muito mais seguir um ritmo confortável, que permita mais consciência nos bandhas e nas mentalizações, do que buscar o tempo todo o seu limite, deixando de lado o mais importante.

Tal como dificilmente poderemos entender o prazer de rir sem motivo perto de alguém que amamos, ou as borboletas na barriga quando saltamos de um avião, ou a magia do nascer do sol por trás das árvores ao som dos passarinhos, não há melhor forma de entender o *pránáyáma* que não seja fechar os olhos e lançar-nos dentro de nós mesmos.

Fecho os olhos e, no conforto de estar firmemente sentada, deixo que o polegar e o indicador se toquem delicada, mas decididamente. Deixo-os trilhar esse caminho que de tão sulcado já se tornou magnético; quase posso ouvir o "clack" das duas epidermes a fecharem um vórtice. As minhas pálpebras acomodam o escuro dos meus olhos e o canto dos lábios ergue-se sutilmente, adivinhando o prazer do mergulho dentro de mim.

134 | Respiração, Yoga e Autoconhecimento

Mergulho dentro de mim! Saboreio a paz de me encontrar só comigo, de saber que nada mais além de mim e do ar que me rodeia faz falta para dar magia a este momento. Entrego-me ao aqui e agora. Tomo consciência de algo que acontece desde sempre, o ar a entrar dentro de mim. Percebo a sutileza ao tocar as minhas narinas e inspiro, desta vez absolutamente atenta a cada detalhe. Primeiro, o abdômen desloca-se para fora, e quando o último dos centímetros dele estiver preenchido, as costelas afastam-se. E, apesar de já parecer ter excedido a quota possível, a parte superior do peito ainda aumenta, permitindo que mais energia fique dentro de mim.

Preenchida até ao último dos alvéolos, apercebo-me de como é bom, como é imenso o prazer de trazer prána, essa energia que paira suspensa em torno e que transforma as minhas células em milhões de sóis. Deixo que o comburente seja inevitavelmente conduzido até o fundo da minha coluna. Permito que o vulcão adormecido vá sendo insuflado, ganhando cor, primeiro laranja brilhante, depois vermelho vivo, e cresça. Deixo-me seduzir pela explosão de lava incandescente que se quer erguer. Deleito-me com o quente que aí se forma. Entrego-me às matizes várias desta viagem ao centro de mim, e como é bom.

Fazendo a parte alta do tórax baixar, devolvo o ar ao espaço em torno, fazendo a zona intercostal regressar ao estado anterior e, finalmente, empurro o abdômen para dentro, espremendo o último reduto de ar que ainda se pudesse encontrar nos pulmões.

O calor que se formou viaja comigo e, enquanto o ar sai, ele sobe, fazendo girar vertiginosamente esses centros de energia ao longo da coluna. Subindo e girando, sempre, sem parar, trazendo o melhor de mim para a superfície do consciente, aumentando a minha capacidade de reparar nos detalhes ao meu redor.

Vivencio agora a experiência de abandonar-me sem ar durante alguns instantes, aumentado o calor, a energia e as percepções desse mundo só meu, que não é diferente dos outros à minha volta, que é feito exatamente da mesma matéria. E recomeço tudo de novo, pois cada bilhete representa sempre uma nova montanha russa dentro de mim, onde os trilhos embora fiquem cada vez melhor decalcados, anteveem sempre uma paisagem melhor.

Lara Mota Pinto

No capítulo "Respiração nos Esportes" mencionamos uma técnica de respiração alternada muito útil em situações em que precisamos administrar a ansiedade.

À medida que vamos conhecendo melhor a verdadeira função dos *pránáyámas*, todas aquelas aplicações citadas na primeira parte do livro se tornam cada vez menos significativas. A habilidade para lidarmos com determinadas circunstâncias emocionais não passa de simples efeito colateral do *nádí shodhana pránáyáma*, do *nádí shodhana kúmbhaka* e do *manasika nádí shodhana*, que descreveremos na sequência.

Como seus próprios nomes sugerem, todas essas técnicas são parecidas entre si. Na verdade, as duas últimas são variações da primeira, que consiste em alternarmos as narinas em atividade, o que também é chamado de *vamakrama* ou *vamah krama*. Veja como executá-la:

↑ Púraka	Fazer uma inspiração completa pela narina esquerda, obstruindo a direita.
O Kúmbhaka	Reter o ar nos pulmões por um bom tempo.
↓ Rechaka	Expirar pela narina direita, obstruindo a esquerda.
X Shúnyaka	Não há.

Repetir desde o começo, invertendo as narinas.

Para aproveitar todo o potencial desse respiratório e dar continuidade à sua caminhada rumo à hiperconsciência, você deve incrementar a captação e a expansão do *prána* utilizando algumas mentalizações. A não ser em alguns *pránáyámas* específicos, cada praticante pode escolher como vai mentalizar a obtenção e a maximização da bioenergia. O que segue agora, portanto, não é uma regra, mas apenas uma sugestão que pode ser utilizada mesmo por quem ainda não tem muito tempo de prática.

Durante a inspiração, por uma narina ou por outra, visualize uma intensa luminosidade dourada penetrando *idá* (se for a narina esquerda) ou *pingalá* (se for a narina direita). Essa luz vai percorrendo toda a extensão da nádí, serpenteando a coluna vertebral com um movimento descendente.

Enquanto mantém o ar nos pulmões, mentalize o brilho subindo em direção ao alto da cabeça, iluminando por completo *sushumná*, sua principal nádí.

Na expiração pela narina oposta, mentalize o alto da cabeça emanando uma luminosidade intensa, com o brilho de mil sóis.

É importante lembrar sempre de que não se deve estimular a poderosa energia da *kundaliní* se ainda não for um praticante bem adiantado. O que você vai mentalizar nesse exercício proposto não é a energia ígnea que está congelada, mas apenas *prána*. Assim estará purificando *sushumná* por meio de uma espécie de erosão energética e estimulando os sete chakras principais, responsáveis pelas funções básicas do organismo.

Quando quiser passar a uma técnica um pouco mais adiantada, pode utilizar o *nádí shodhana kúmbhaka*. Para isso, proceda exatamente do mesmo modo que no *pránáyáma* anterior, mas agora aplicando ritmo. Se você já estiver bem treinado – e se chegou até aqui presumimos que esteja – pode aplicar o ritmo 1-4-2.

Depois de inspirar por uma das narinas, retenha o ar nos pulmões durante quatro vezes o tempo da inspiração. Quando for expirar pela outra narina, conte o dobro do tempo da primeira fase, ou a metade do tempo da retenção. Se, por exemplo, você inspirar em três segundos, mantenha os pulmões cheios durante o tempo de doze segundos e exale contando seis segundos.

Que tal mais uma sugestão de mentalização? Em *púraka*, visualize o prána percorrendo *idá* ou *pingalá*, conforme a narina pela qual estiver inspirando. Em *kúmbhaka*, mentalize bioenergia luminosa percorrendo toda a extensão de *sushumná*, de baixo para cima, estimulando os chakras principais. Essa nádí passará a brilhar de tal forma que é como se o seu corpo fosse uma lâmpada, e a região da medula espinhal fosse o filamento incandescente dessa lâmpada. Em *rechaka*, mentalize que a luminosidade passa a se expandir do centro em direção às extremidades, iluminando não apenas todo o seu corpo, mas também tudo o que está à sua volta.

Progredindo um pouco mais no grau de complexidade dos respiratórios alternados, chegamos ao *manasika nádí shodhana*, que para muitos é uma das técnicas mais extraordinárias e prazerosas de todo o acervo do Yoga.

As narinas em atividade também devem alternar nesse *pránáyáma*, inspirando por uma e expirando pela outra. A grande diferença é que isso é feito sem a ajuda das mãos ou de qualquer outro recurso para obstruir a passagem do ar.

Nós, que já ministramos aulas há muitos anos, frequentemente ouvimos dos alunos que essa técnica é impossível, mas o comentário só é feito por aqueles que nunca tentaram executá-la. Depois de alguns poucos instantes de treinamento já é possível perceber que a tarefa não é tão difícil quanto parece.

Trata-se de um excelente exercício para o desenvolvimento do tato interno e da ampliação da consciência. Para obter sucesso na alternância das narinas só é preciso uma boa dose de concentração e um pouco de empenho do praticante.

Sente-se em uma posição confortável, preferencialmente com as pernas cruzadas, mas de um jeito que consiga

Expandindo a bioenergia | 139

permanecer alguns minutos sem que elas o incomodem. As mãos ficam apoiadas uma em cada joelho, com polegares e indicadores unidos formando o *jñána mudrá*. A coluna deve estar ereta e os olhos fechados.

Caso perceba que uma das narinas está obstruída – mesmo parcialmente – é interessante promover a purificação com um lenço antes de iniciar o exercício. Se o problema persistir, consulte o capítulo "Purificação orgânica". Até que consiga se concentrar suficientemente, o ar flui através das duas narinas, como normalmente o faz. Leve toda a sua consciência para aquela narina pela qual deseja que o ar entre ou saia. Lembrando de começar inspirando pela narina esquerda e expirando pela direita. Em seguida, inspirar pela direita e exalar através da esquerda.

Depois de algum tempo, você vai conseguir sutilizar suas percepções e sentir melhor o tato interno de suas narinas e, como vai localizar a consciência em uma de cada vez, vai ter a exata sensação de que todo o ar está sendo captado – ou expelido – apenas por uma delas. Ou seja, nesse momento acreditará que está realmente conseguindo executar o *manasika nádí shodhana pránáyáma*. O único problema é que talvez ainda não esteja. É possível que seja apenas um fenômeno de percepção, e não uma real alternância das narinas.

Para ter certeza, a melhor coisa é fazer o exercício bem próximo a um espelho. A umidade do ar exalado faz o cristal embaçar e, por esse desenho, dá para perceber claramente se obteve sucesso ou não. De um jeito ou de outro, continue praticando, simplesmente por dois bons motivos: Primeiro por essa ser uma técnica extremamente agradável de se fazer, e que proporciona uma sensação de felicidade transbordante durante e depois de sua execução. Segundo porque a localização da consciência e a mentalização são até mais importantes do que o processo físico em si.

Prána

Fonte de vida,
vitaliza, dinamiza e faz girar.

Desperta meus desejos
e me faz viajar
aquece meu corpo,
percorre o mais sutil,
sereniza e acelera,
minha mente aquieta
meu corpo a mais de mil.

Marcelo Ribeiro

Existem vários outros *pránáyámas* que estão descritos no anexo desta obra. A proposta aqui não é explicar todos eles. O real objetivo é despertar em você o encantamento pelos exercícios respiratórios e pela maneira como eles nos permitem conduzir a bioenergia pelo nosso corpo sutil.

Utilizando os poucos exemplos que vimos aqui, você já tem ferramentas poderosas para maximizar sua energia interna e conquistar progressos surpreendentemente acelerados em suas práticas diárias. O fator mais importante para o desenvolvimento interior não é a diversidade de técnicas, mas, sim, a constância com que você as executa.

Se sentir que está na hora de utilizar recursos mais adiantados, primeiro verifique se isso é realmente uma necessidade ou se é apenas um impulso por novidade. Quanto tiver certeza de que é realmente preciso dar um pequeno empurrão no seu desenvolvimento, uma boa ideia é utilizar o poder dos *japa mantras*. Você deve se lembrar de que já falamos sobre eles no capítulo "Purificação Sutil".

Quando inserimos a mentalização desses mantras nas técnicas respiratórias, elas passam a ser chamadas de *sagarbha pránáyámas*[39]. A forma mais usual de inserção de tais mantras é utilizá-los para contar o tempo e marcar o ritmo. Enquanto normalmente contamos quatro segundos com auxílio de numerais (um, dois, três, quatro), nessa versão mais elaborada executamos mentalmente o mantra repetindo-o quatro vezes (*OM, OM, OM, OM*).

Para tempos mais longos, uma boa dica é quebrar o número grande em pequenos grupos. Se você quiser, por exemplo, fazer uma respiração ritmada inspirando em cinco segundos, retendo durante vinte e expirando em dez, será bem mais fácil se contar sempre em grupos de cinco, que no caso é o mínimo divisor comum. Dessa forma, você contará um grupo de cinco mantras na inspiração, quatro grupos de cinco mantras na retenção e, assim, sucessivamente. Parece complicado? Experimente fazer isso agora mesmo e vai perceber que na verdade é bem simples.

---

39. Os *pránáyámas* podem ser classificados em *agarbha pránáyámas* (sem utilização de mantras) e *sagarbha pránáyámas* (com utilização de mantras).

Mas, atenção. Assim como um motorista recém-habilitado tem dificuldades para executar todas as funções simultâneas que a condução de um veículo exige, um praticante com pouco tempo de treino terá dificuldades para fazer *pránáyámas* complexos. Um respiratório que inclui bandhas, ritmo, mentalização e mantras, pode significar máxima satisfação para alunos adiantados, mas pode, ao mesmo tempo, ser uma experiência estressante para quem ainda não tem a desenvoltura suficiente para combinar tudo isso. Respeite seu estágio evolutivo.

Quando perceber que seu corpo sutil já está suficientemente purificado, e que sua estrutura biológica já está adequadamente reforçada pelos anos de prática disciplinada, converse com seu instrutor sobre a possibilidade de utilizar *bíja mantras*[40], que devem ser aprendidos diretamente de um Mestre.

---

40. Sons-semente. Mantras do tipo *japa* que ativa os chakras mais importantes do corpo.

Bandhas

Foi mencionado anteriormente, em mais de uma parte do livro, que seria explicado melhor o que significa esse termo e a utilização dos bandhas em determinadas técnicas respiratórias: chegou a hora.

Podendo ser traduzidos literalmente como fechos, *bandhas* são as contrações de plexos, glândulas, músculos e nervos diversos, e podem ser utilizados como preparatórios para os exercícios de purificação mais complexos. Também têm a faculdade de estimular a segregação de hormônios por parte de glândulas que, por algum motivo, não estejam trabalhando a contento. Podem ser aplicados como forma de estimular a sexualidade ou simplesmente para tonificar a musculatura abdominal.

No entanto, a principal finalidade dos bandhas no Yoga é a de nos proporcionar melhor administração sobre o fluxo da bioenergia, fazendo-a percorrer exatamente o caminho que desejamos. Sendo assim, quase sempre serão utilizados em conjunto com ásanas – técnicas corporais – ou com *pránáyámas*.

Veja os bandhas mais utilizados nas técnicas de expansão do prána.

Múla bandha

Trata-se da contração dos esfíncteres do ânus e da uretra. Apesar de ter reconhecidos efeitos positivos sobre a circulação sanguínea na região pélvica e sobre a contenção do orgasmo, o que em muitos casos é muito útil para evitar a dissipação da sexualidade, a principal função desse bandha é impulsionar o apána para que ele suba e se encontre com o prána.

Como visto no capítulo "Tipos de prána", o primeiro está situado na região do ânus. O segundo, no peito. Ao contrairmos fortemente os esfíncteres, estamos projetando o apána, que tem polaridade negativa, em direção ao prána, de polaridade positiva. O resultado é uma faísca de maiores ou menores proporções, dependendo da quantidade de energia projetada e do grau de adiantamento do praticante. Se já for suficientemente adiantado, o yogin conseguirá até mesmo despertar a *kundaliní*[41] com esse processo.

Aswiní bandha

Essa técnica é quase idêntica ao *múla bandha*, mas com uma diferença fundamental: ao contrário da contração que descrevemos anteriormente, esta é de curta duração e sempre é feita com repetição. Os esfíncteres do

---

41. Lembre-se de só trabalhar com essa energia se já estiver em um nível avançado. Isso não impedirá, contudo, que você utilize o *múla bandha* em suas práticas com o objetivo de conduzir bioenergia.

ânus e da uretra são contraídos e relaxados sucessivamente, várias vezes, em curtos intervalos.

Trata-se de um exercício mais simples do que o anterior; exige menos treino e, em muitos casos, é mais confortável, podendo inclusive ser utilizado como um preparatório para o *múla bandha*. Também pode ser aplicado em *pránáyámas* ritmados, ajudando a marcar o tempo de cada fase da respiração.

Algumas escolas chamam o *aswíni bandha* de *ashwíni bandha, aswíni mudrá* ou ainda de *ashwíni mudrá*.

Uddiyana bandha

Essa técnica é tão comumente utilizada como um preparatório para o *nauli kriyá*[42], que muitas vezes é confundida com uma atividade de purificação das mucosas.

---

42. Limpeza dos intestinos e dos órgãos abdominais por massageamento.

146 | Respiração, Yoga e Autoconhecimento

Apesar de realmente gerar resultados de limpeza nos órgãos internos da região abdominal e de servir como base para outra técnica chamada *agnisára dhauti*[43], o *uddiyana bandha* é, essencialmente, uma contração.

Para executá-lo, você deve esvaziar os pulmões e contrair intensamente a musculatura abdominal, sugando-a para dentro, para cima e para trás. Com esse movimento, suas costelas ficarão bem desenhadas sob a pele e uma grande cavidade se formará entre elas e a cintura.

É um movimento como se você quisesse tocar o umbigo na nuca. Imaginou? Sabemos que essa provavelmente não é a instrução mais ortodoxa já utilizada por instrutores, mas nossa experiência no magistério tem mostrado que é bem eficiente.

Esse tipo de contração exige tanto da musculatura que uma consequência natural é o fortalecimento e a tonificação da região. É o bandha que estimula, por compressão, o bom funcionamento de todos os órgãos abdominais, além de contribuir com o processo de purificação das mucosas.

Para nosso estudo, o principal efeito do *uddiyana bandha* é a atuação complementar que ele exerce no trabalho iniciado pelo *múla bandha*. Se queremos que prána e apána se unam – e um está situado na altura do peito, enquanto o outro situa-se na região do ânus –, o encontro dos dois exigirá um esforço muito grande dos esfíncteres, caso tenham que atuar sozinhos. O *múla bandha* inicia, então, o processo de impulsão de apána e depois, conta com a ajuda do *uddiyana bandha* para continuar projetando a

---

43. Limpeza das vísceras e redução do abdômen.

bioenergia para cima. É algo parecido com o movimento peristáltico, por isso, se desejamos obter esse resultado com a aplicação dos bandhas, os esfíncteres devem ser contraídos pouco antes do abdômen, e não o contrário.

Jalándhara bandha

A execução do *jalándhara bandha* é muito simples. Basta que tombemos a cabeça para frente, pressionando o queixo firmemente contra o peito. É importante manter a coluna ereta, ao invés de curvá-la. As costas, portanto, não acompanham o movimento do pescoço.

Em termos energéticos, a principal função desse bandha é impedir a ascensão da bioenergia até os chakras superiores, o que provocaria o seu resfriamento. Mantendo prána e apána em uma região mais restrita, e preservando o calor, haverá mais energia para a faísca mencionada anteriormente.

Essa técnica também auxilia bastante as retenções do ar nos pulmões e deve ser utilizada em caso de *kúmbhakas* muito longos. Outra função importante desse bandha é estimular o bom funcionamento da glândula tireoide, o que sabemos que contribui para o controle do peso. Os dois principais hormônios segregados por ela são a triodotironina e a tiroxina[44], que aceleram os processos de oxidação e de liberação da energia celular. Com isso, a taxa metabólica se eleva.

Esse é um dos motivos que faz o bandha se tornar mais eficiente à medida que alternamos a contração e a distensão da tireoide. O estímulo é maior. Para isso, a cabeça deve

---

44. Também conhecidos como T3 e T4, respectivamente.

ser tombada para trás. Em muitos *pránáyámas* é utilizada essa movimentação alternada da cabeça, normalmente tombando-a para frente na expiração e inclinando-a para trás na inspiração. Na maioria dos casos, a cabeça para trás é a posição perfeita para o bandha que será descrito a seguir.

Jíhva bandha

Conquanto seja realmente muito utilizada na execução desse bandha, a posição que acabamos de mencionar não é uma regra.

O *jíhva bandha* consiste em pressionar com força a ponta da língua contra o palato mole, aquela região macia situada no céu da boca, próximo à garganta.

Assim como o bandha anterior, esse também tem a função de impedir o resfriamento do prána. Quando a pressão é suficientemente forte, ocorre o estímulo da glândula pineal, que segrega, entre outros hormônios, a melatonina, responsável pela regulação do sono.

Essa técnica também pode ser utilizada como um recurso para facilitar o *kúmbhaka*. Alguns orientais chegam a fazer incisões no freio da língua para conseguir projetá-la para dentro da garganta e assim obstruir completamente a passagem do ar. No meu ponto de vista, esse procedimento é desaconselhável por não ser uma técnica imprescindível à evolução e por gerar dor e agressão ao corpo físico, uma de nossas importantes ferramentas para conquistarmos o autoconhecimento.

Esses são os principais bandhas utilizados nas técnicas respiratórias do Yoga. São recursos importantes que, somados a vários outros elementos de uma prática completa, proporcionam evolução pessoal acelerada.

Muitas vezes os bandhas são executados em conjunto. Quando fazemos em sequência, em um mesmo respiratório, a contração dos esfíncteres, a contração do abdômen e a pressão do queixo contra o peito, estamos executando o *bandha traya*. Nos casos em que a pressão da língua no palato também for utilizada, o conjunto de contrações passará a se chamar *mahá bandha*.

Ásanas para pránáyáma

Um fator importante para se obter bons resultados com os *pránáyámas* é a posição utilizada. É preciso não apenas que a posição seja firme e confortável, mas também que ela proporcione as condições ideais para que a respiração seja profunda e completa e para que a energia possa fluir da forma que desejamos.

No acervo de técnicas do Yoga existem vários ásanas que podem ser utilizados durante os exercícios respiratórios. Começaremos abordando o principal deles: o *siddhásana*. Veja na ilustração acima.

152 | Respiração, Yoga e Autoconhecimento

Para executar o *siddhásana*, sente-se com as costas eretas e as duas pernas estendidas e afastadas. Então flexione o joelho da perna esquerda e posicione o calcanhar abaixo do períneo. É preciso inclinar o tronco ligeiramente para trás e, depois que o pé estiver posicionado, levar a coluna de volta à verticalidade. Nesse ponto você sentirá certa pressão sobre a região onde está situado o *muládhara chakra*. É exatamente esse nosso objetivo.

É importante que o calcanhar esquerdo fique por baixo, tocando a região do períneo. Isso porque o objetivo da técnica é auxiliar o processo de ascensão da *kundaliní* por meio de um fenômeno simples da física: a repulsão dos polos idênticos. Sabemos que tal energia ígnea tem polaridade negativa, então vamos tocar por baixo a região onde ela está adormecida com a parte do nosso corpo cuja polaridade é a mais negativa. Assim, a tendência da *kundaliní* é subir, impulsionada pela repulsão.

A parte mais negativa no corpo é o calcanhar esquerdo. Vale mencionar que ser negativo ou positivo pode ser relativo. Eu explico: ao tocar, por exemplo, a ponta do dedo polegar na extremidade do indicador, a energia fluirá do segundo em direção ao primeiro. Neste caso, dizemos que o polegar tem polaridade negativa, pois está recebendo, enquanto o indicador tem polaridade positiva, pois está cedendo. Mas se compararmos os dedos indicador e médio, o primeiro deixará de ser positivo e passará a ser negativo, já que não mais transmitirá o prána, mas, sim, passará a recebê-lo

O fenômeno de repulsão dos polos idênticos não é suficiente para, sozinho, impulsionar a ascensão da *kundaliní* e conduzir o praticante ao *samádhi*. Mas com certeza a impulsão que o calcanhar de polaridade negativa provoca na *kundaliní* contribui para o processo de despertamento e ascensão dessa energia.

Voltando à execução de *siddhásana*: após posicionar o calcanhar esquerdo abaixo do períneo, flexione também o outro joelho, pousando o dorso do pé sobre a perna oposta, de forma que os ossinhos dos tornozelos fiquem quase que encaixados. A posição fica perfeita quando os calcanhares estão alinhados em um mesmo eixo vertical e quando os joelhos tocam o solo.

O *siddhásana* recebe esse nome porque quando é feito de maneira constante e disciplinada, além do efeito mencionado anteriormente, também favorece o desenvolvimento de *siddhis*, que são as paranormalidades[45].

Apesar de termos mencionado que esse é o principal ásana para potencializar os *pránáyámas*, ele só deve ser utilizado com esse intuito se você já o domina perfeitamente e se a posição for bem confortável.

Caso você ainda esteja em um nível inicial e queira uma técnica mais simples, que exija menos flexibilidade e que lhe seja mais agradável, pode optar pelo *sukhásana*.

---

45. Paranormalidade é algo que está acima da faixa da normalidade. Não deixa de ser um fenômeno natural. Assim como a telepatia pode ser considerada uma paranormalidade, a capacidade de permanecer em *kúmbhaka* por muito mais tempo do que as pessoas comuns também pode.

A figura seguinte mostra que, assim como o anterior, este ásana também é executado com o calcanhar esquerdo próximo ao períneo.

O motivo é o mesmo: para estimular, mesmo que de maneira mais sutil, o movimento ascendente de *kundaliní*, posicionamos o calcanhar esquerdo próximo ao períneo, mas não abaixo dele como no *siddhásana*. O outro vai à frente, de forma que os calcanhares fiquem alinhados e os joelhos descansem no solo.

Mas se, por falta de flexibilidade nos joelhos ou nas virilhas, você não conseguir baixar as pernas, não se incomode. Ao longo do tempo, a força da gravidade atuará como sua parceira e fará com que, mais cedo ou mais tarde, seus joelhos cheguem até o chão.

A coluna deve ficar ereta, o que permite respirações mais eficientes e um fluxo mais fácil do prána através das principais nádís. Pronto. Este é o *sukhásana*. Simples e eficiente.

Alguns ásanas têm a propriedade de facilitar ainda mais a circulação do prána nas principais nádís. Eles atuam tanto estimulando fisicamente os canais energéticos quanto permitindo que o praticante adquira maior consciência do fluxo do prána através dos condutos por onde circula a bioenergia.

O *idásana*, por exemplo, oferece uma boa percepção do caminho que a energia vital percorre ao longo da *nadí idá*. Na próxima ilustração é possível notar que o calcanhar de polaridade negativa continua bem próximo ao períneo, enquanto a outra perna, flexionada, exerce pressão sobre o abdômen e o peito.

Para facilitar a percepção de *idá*, e ainda atuar em sua purificação, execute o *chandra pránáyáma*. Sente-se em *idásana*[46], mas utilize apenas uma das mãos para envolver a perna elevada. A outra mão fica livre para que, com o dedo médio, obstrua a narina positiva e respire utilizando

---

46. O chandra *pránáyáma* também pode ser executado com outros ásanas.

apenas a negativa, ou lunar. Ou seja, inspiração e expiração pela narina esquerda. Não faça retenções.

Nesse *pránáyáma* a expiração também pode ser pela boca. O respiratório ainda pode ser feito sem a obstrução física da narina, tornando-se, nesse caso, *manasika chandra pránáyáma*.

Com auxílio do *chandra pránáyáma* e do *idásana*, em pouco tempo você vai perceber claramente a localização exata de *idá*. E mais: poderá sentir o fluxo da bioenergia ao longo dela.

Você já sabe que a nádí denominada *idá* é irmã de uma outra denominada *pingalá*. Veja agora o *pingalásana*, demonstrado na próxima ilustração.

Observe com atenção e note que, ao contrário do que muitos imaginam, esse *ásana* não é exatamente o oposto do anterior. O calcanhar de polaridade negativa continua mais próximo do períneo, isso não muda. No *pingalásana*, a perna apoiada no solo fica à frente da outra.

O *pingalásana* torna mais fácil a percepção de *pingalá*. E você já deve estar imaginando que também podemos utilizar um *pránáyáma* similar para intensificar a passagem do prána por essa nádí e facilitar ainda mais sua percepção. O nome desse respiratório é *súrya pránáyáma*.

Nele, você vai inspirar pela narina positiva – ou lunar – e expirar pela outra. Siga corretamente essas recomendações, que vão ajudar você na compreensão da estrutura das principais nádís, explanada anteriormente no capítulo "As nádís".

Para completar essa pequena série de ásanas, que atuam diretamente sobre os principais canais energéticos do nosso corpo, chegamos ao *sushumnásana*.

O *sushumnásana*, demonstrado na figura anterior, atua mais ou menos da mesma forma que o *idásana* e o *pingalásana*. Permite que identifiquemos a localização exata de *sushumná*, o que é essencial para a execução correta de mentalizações mais adiantadas.

Para facilitar essa identificação, o ásana pode ser feito com o *pratiloma pránáyáma*. Comece o *pránáyáma* executando o *jalándhara*, ação feita pela narina direita, mas de forma bem lenta. Libere parcialmente essa narina, porém mantendo a obstrução da outra. Tão logo terminar a inspiração, volte a pressionar ambas as narinas e permaneça assim durante toda a retenção, que deve durar entre cinco e dez segundos. Nesse momento, faça uma firme contração dos esfíncteres do ânus e da uretra – o *múla bandha*.

A expiração, lenta, é feita pelas duas narinas. As mãos as liberam completamente, e o volume de ar é controlado por uma técnica denominada *ujjáyí*, que consiste em uma leve contração da glote, o que obstrui parcialmente a passagem do ar pela região. Isso produz um ruído bem característico, similar ao som das ondas do mar.

Caso tenha dificuldades com o *ujjáyí*, você pode treiná-lo em separado. É simples. Um bom recurso de aprendizado é recuar a língua, puxando-a para trás como se quisesse levá-la para dentro da garganta, mas sem enrolá-la. Faça algumas respirações com a língua nessa posição e ouça o ruído. Respirando dessa forma, você está praticamente fazendo o *ujjáyí*. Isso permitirá uma melhor compreensão de como funciona a técnica, e em pouco tempo você será capaz de realizá-la com a língua descontraída.

Depois de soltar todo o ar, obstrua novamente as narinas e, controlando a abertura da esquerda, inspire por ela. Depois, siga mais uma vez todas as instruções e continue assim, sempre alternando a narina pela qual inspira. Iniciantes não devem inspirar mais do que oito vezes com cada narina. Se você já for mais adiantado, pode permanecer respirando dessa forma durante mais alguns ciclos, até que tenha a percepção exata de *sushumná*.

Mesmo não sendo tão eficientes no que diz respeito à conscientização do corpo físico sutil, existem várias outras posições que o praticante pode utilizar para executar seus *pránáyámas*.

Vajrásana　　　　　　Virásana

Bhadrásana

Ardha Padmásana e Padmásana

O *vajrásana* é muito útil para aqueles que têm problemas nos joelhos, ou que, por algum outro motivo, não se sentem confortáveis com as pernas cruzadas. O *bhadrásana* pode ser utilizado por quem estiver buscando melhor abertura pélvica, enquanto o *virásana* costuma ser uma boa ajuda para a conquista do *padmásana*, que é o último na sequência anterior de ilustrações e é altamente recomendado quando a proposta do *pránáyáma* for conquistar estados de consciência que favoreçam a meditação.

Mudrás para pránáyáma

Mudrás são selos, gestos reflexológicos, simbólicos e magnéticos feitos com as mãos e que constituem uma importante ferramenta do Yoga. Assim como todas as outras, essas técnicas também se integram às demais, produzindo um resultado final absolutamente eficiente para levar o praticante adiante em sua jornada rumo à expansão da consciência.

Com poucas exceções, quase todos os feixes de técnicas do Yoga utilizam ou podem utilizar esses gestos para maximizar seus efeitos. Todas as mudrás reúnem as três qualidades mencionadas: reflexologia, simbolismo e magnetismo. Alguns gestos, porém, são prioritariamente reflexológicos, enquanto outros são, em sua essência, mais simbólicos. Contudo, os gestos que mais nos interessam neste estudo são aqueles caracterizados principalmente pelo seu potencial magnético.

A *jñána mudrá* é tão utilizada nas práticas de Yoga que se tornou conhecida até mesmo por quem não é adepto dessa filosofia. Pergunte para alguém que nunca tenha participado de uma aula, qual a posição em que as mãos devem ser colocadas para uma prática. A probabilidade de a resposta ser a mudrá em questão é de mais de noventa por cento.

A esta altura você já deve saber a qual gesto estamos nos referindo. Por via das dúvidas, não custa conferir nas figuras seguintes como é a execução correta da ilustre *jñána mudrá*.

Súrya jñána mudrá
executada durante o dia

Chandra jñána mudrá
executada durante a noite

Essa mudrá se tornou muito conhecida – podemos dizer até estereotipada – por ser muito eficiente e absolutamente segura. Ela tem a função de evitar que a energia se dissipe e, principalmente, de aumentar a intensidade do fluxo energético que percorre nossas nádís.

Se queremos expansão da bioenergia, não podemos nos dar ao luxo de desperdiçá-la. Então, unimos o dedo indicador ao polegar e assim impedimos que a energia se esvaia por essas extremidades do corpo. O prána percorre as nádís localizadas nos braços e, ao invés de se dissipar, retorna ao organismo, contornando o dedo indicador e passando ao polegar.

Esse fenômeno físico se processa qualquer que seja a posição das mãos, mas se torna realmente significativo quando elas estão apoiadas sobre os joelhos. Isso porque nessa região estão situados chakras secundários que funcionam como vórtices de energia, impulsionando o prána e fazendo-o circular de forma mais intensa.

Essa técnica não tem contraindicações e é absolutamente segura, pois trabalha com baixa amperagem e à frente de chakras de potencial moderado.

Por sua vez, a *átman mudrá* deve ser executada somente por instrutores, ou por alunos que tenham orientação direta de um Mestre. Não se trata de uma maneira de impedir o desenvolvimento dos praticantes, mas, sim, de fazer com que a evolução deles seja isenta de qualquer risco e dentro do seu potencial.

Ao unirmos todos os dedos das mãos – e não apenas o indicador ao polegar – aumentamos a amperagem da mudrá, isto é, fazemos com que o fluxo ordenado do prána aumente consideravelmente. Outro fator relevante é a posição do gesto: à frente do *swádhistána*[47] *chakra*, que é um centro de energia principal e muito poderoso, diferentemente dos chakras situados na região dos joelhos, que são secundários.

O *swádhistána chakra* aumentará vertiginosamente a quantidade de energia que passará através dos dedos das mãos. Imagine esses dois vórtices de energia funcionando simultaneamente, um ao lado do outro, sendo que na mão esquerda o movimento é no sentido horário, e na direita, anti-horário. Se aproximarmos adequadamente as mãos, ocorrerá um forte empuxo que levará a *kundaliní* para cima.

É por isso que a mudrá não deve ser utilizada por iniciantes. Já sabemos que só devemos despertar essa energia colossal quando tivermos uma estrutura biológica reforçada e os canais energéticos estiverem absolutamente desobstruídos.

No capítulo "Respiração nos Esportes" vimos também um outro gesto utilizado nos *pránáyámas* alternados: a *vishnu mudrá*. Esses três gestos (*vishnu*, *jñána* e *átman mudrá*) são os mais utilizados em conjunto com as técnicas respiratórias. Apesar de existirem outros gestos que podem ser utilizados durante o *pránáyáma*, vamos nos ater a esses três por enquanto.

---

47. Situado na região esplênica, entre o *múládhára chakra* (região sacra) e o *manipura chakra* (região lombar).

O livro termina, a evolução continua

Com todos os recursos e as ferramentas de que falamos neste livro, você já tem plenas condições de viver tudo o que o *pránáyáma* pode lhe proporcionar. Já é possível sentir a satisfação de perceber a bioenergia percorrendo suas nádís e notar o ganho de vitalidade em cada uma de suas células.

Esse vai ser o seu maior estímulo para continuar praticando e evoluindo. Com disciplina, você pode seguir ampliando sua capacidade pulmonar e aumentando a eficiência na absorção do oxigênio. Com a prática constante, vai conhecer cada vez melhor seu corpo energético e seus chakras que, bem estimulados, realizarão todas as funções biológicas do seu corpo de uma maneira tão perfeita, que você jamais imaginou.

Dedique-se diariamente aos *pránáyámas* e, mais que isso, dedique-se à prática do Yoga e à aplicação dos conceitos e das técnicas da filosofia como um todo. Aperfeiçoe

168 | Respiração, Yoga e Autoconhecimento

seu aparelho respiratório, incremente a circulação da bioenergia e torne-se uma pessoa melhor em todos os sentidos.

Dê continuidade também em seus estudos. Confira o anexo deste livro com a descrição de mais de cinquenta exercícios respiratórios e pratique-os com disciplina.

Você pode, e até deve, ter um instrutor que o oriente e o acompanhe em sua evolução, mas lembre-se de que é sua a responsabilidade de praticar, treinar e se mostrar disposto a conhecer mais. Se a proposta é o seu autoconhecimento, não há outra pessoa que possa fazer isso no seu lugar.

Ao terminar este capítulo, feche os olhos. Enquanto observa sua maneira de respirar, que provavelmente já estará bem diferente daquela utilizada antes de iniciar esta leitura. Assuma um compromisso consigo mesmo – e com mais ninguém – de aplicar tudo aquilo que aprendeu e considerou proveitoso.

Conscientemente, passe a inserir um ritmo que vai ditar o tempo de cada uma das quatro fases respiratórias. Observe a profundidade de suas inspirações e a eficiência das exalações. Coloque um mudrá em suas mãos e continue respirando. Se tiver vontade, inclua alguns bandhas.

Sinta o ar fresco repleto de oxigênio penetrando as narinas, percorrendo a laringe, a faringe e a traqueia. Tome consciência do ar inflando seus pulmões, preenchendo brônquios e bronquíolos e insuflando vida aos alvéolos. Perceba o oxigênio sendo transmitido à corrente sanguínea e, por meio dela, conduzido ao corpo todo. Entregue-se ao prazer de respirar.

Depois de alguns instantes, visualize que, junto com o ar, incontáveis partículas intensamente brilhantes também são captadas a cada vez que você inspira. Sinta o prána se depositando em seus chakras e sendo distribuído por todo o organismo através das nádís. Apenas sinta.

Aos poucos, você passa a brilhar como um sol dourado, tanto por dentro quanto por fora. E, à medida que seu corpo ganha um acréscimo de saúde e de vitalidade, esse brilho se expande. A luminosidade tamanha que preenche todo o ambiente, continua crescendo, envolvendo tudo e todos ao seu redor. Depois, ela cresce mais e abraça todos os adeptos do Yoga em todo o Planeta.

Assim, reforçamos os laços que nos tornam membros de uma mesma família. Estamos unidos por uma força colossal que nos impulsiona rumo à evolução. Sinta como é bonito isso. Entregue-se a este momento.

Permaneça assim por alguns segundos, minutos ou mesmo horas. Não importa. Ao final dessa experiência certamente você será uma nova pessoa e terá a percepção exata de que realmente é possível mudar o mundo. Começando por você.

Parte III

Anexo

Confira a seguir uma breve descrição dos principais *pránáyámas* utilizados no *Yoga*:

1. Tamas pránáyáma

Respiração imperceptível
Sem ritmo

↑	Inspiração	Inspirar tão lentamente que não se consiga perceber o mínimo movimento respiratório.
O	Retenção com ar	Reter por alguns segundos, sem contar ritmo.
↓	Expiração	Expirar tão lentamente que não se consiga perceber o mínimo movimento respiratório.
✕	Retenção sem ar	Não há.

. . . .

2. Rajas pránáyáma

Respiração dinâmica
Sem ritmo

↑	Púraka	Inspirar elevando os braços até a altura dos ombros.
O	Kúmbhaka	Reter o ar fechando firmemente as mãos e movimentando vigorosamente os braços, flexionando-os e estendendo-os, trazendo as mãos até aos ombros e voltando a estendê-los várias vezes.
↓	Rechaka	Expirar lentamente, baixando os braços simultaneamente.
✕	Shúnyaka	Não há.

3. Adhama pránáyáma

RESPIRAÇÃO ABDOMINAL
Sem ritmo

↑	Púraka	Inspirar projetando o abdômen para fora, procurando encher a parte baixa dos pulmões.
O	Kúmbhaka	Reter por alguns segundos, sem contar ritmo.
↓	Rechaka	Expirar retraindo o abdômen, procurando esvaziar tanto quanto possível os pulmões, especialmente a parte baixa.
X	Shúnyaka	Não há.

4. Adhama kúmbhaka

RESPIRAÇÃO ABDOMINAL RITMADA
Ritmo: 1-2-1

↑	Púraka	Inspirar projetando o abdômen para fora, contando um tempo.
O	Kúmbhaka	Reter o ar nos pulmões, contando dois tempos.
↓	Rechaka	Expirar retraindo o abdômen, contando um tempo.
X	Shúnyaka	Não há.

5. Bandha adhama pránáyáma

RESPIRAÇÃO ABDOMINAL COM BANDHAS
Sem ritmo

↑ Púraka	Inspirar projetando o abdômen para fora, tombando a cabeça para trás.
O Kúmbhaka	Reter o ar executando *jíhva bandha* (comprimindo a língua contra o palato).
↓ Rechaka	Expirar retraindo o abdômen enquanto baixa a cabeça.
✕ Shúnyaka	Manter pulmões vazios comprimindo o queixo no peito (*jalándhara bandha*), puxando o abdômen para dentro, para trás e para cima (*uddiyana bandha*) e contraindo fortemente os esfíncteres do ânus e da uretra (*múla bandha*).

6. Bandha adhama kúmbhaka pránáyáma

RESPIRAÇÃO ABDOMINAL RITMADA COM BANDHAS
Ritmo: 1-2-1

↑ Púraka	Inspirar projetando o abdômen para fora em um tempo, elevando o queixo.
O Kúmbhaka	Reter dois tempos, executando *jíhva bandha*.
↓ Rechaka	Expirar retraindo o abdômen em um tempo, tombando a cabeça à frente.
✕ Shúnyaka	Manter pulmões vazios executando *bandha traya* (*jalándhara bandha, uddiyana bandha* e *múla bandha*)

Anexo | 175

7. Madhyama pránáyáma

RESPIRAÇÃO INTERCOSTAL
Sem ritmo

↑ Púraka	Inspirar expandindo lateralmente a musculatura intercostal.
O Kúmbhaka	Reter por alguns segundos, sem contar ritmo.
↓ Rechaka	Expirar retraindo a musculatura intercostal, reaproximando as costelas umas das outras.
✕ Shúnyaka	Não há.

8. Madhyama kúmbhaka pránáyáma

RESPIRAÇÃO INTERCOSTAL RITMADA
Ritmo: 1-2-1

↑ Púraka	Inspirar expandindo lateralmente a musculatura intercostal, contando um tempo.
O Kúmbhaka	Reter dois tempos.
↓ Rechaka	Expirar retraindo a musculatura intercostal, reaproximando as costelas umas das outras, em um tempo.
✕ Shúnyaka	Não há.

9. Bandha madhyama pránáyáma

RESPIRAÇÃO INTERCOSTAL COM BANDHAS

Sem ritmo

↑	Púraka	Inspirar expandindo lateralmente a musculatura intercostal, tombando a cabeça para trás.
O	Kúmbhaka	Reter o ar nos pulmões executando *jíhva bandha*.
↓	Rechaka	Expirar retraindo a musculatura intercostal, reaproximando as costelas umas das outras.
✕	Shúnyaka	Manter pulmões vazios executando *bandha traya*.

10. Bandha madhyama kúmbhaka pránáyáma

RESPIRAÇÃO INTERCOSTAL RITMADA COM BANDHAS

Ritmo: 1-2-1

↑	Púraka	Inspirar expandindo lateralmente a musculatura intercostal, tombando a cabeça para trás, contando um tempo.
O	Kúmbhaka	Reter o ar nos pulmões executando *jíhva bandha* e contando dois tempos.
↓	Rechaka	Expirar retraindo a musculatura intercostal, em um tempo.
✕	Shúnyaka	Manter pulmões vazios com tempo livre, executando *bandha traya*.

11. Uttama pránáyáma

RESPIRAÇÃO TORÁCICA
Sem ritmo

↑ Púraka	Inspirar projetando a parte alta do tórax para frente e para cima.
O Kúmbhaka	Reter por alguns segundos, sem contar ritmo.
↓ Rechaka	Expirar retraindo a parte alta do tórax.
✕ Shúnyaka	Não há.

12. Uttama kúmbhaka pránáyáma

RESPIRAÇÃO TORÁCICA RITMADA
Ritmo: 1-2-1

↑ Púraka	Inspirar projetando a parte alta do tórax para frente e para cima, contando um tempo.
O Kúmbhaka	Reter o ar contando dois tempos.
↓ Rechaka	Expirar retraindo a parte alta do tórax, em um tempo.
✕ Shúnyaka	Não há.

13. Bandha uttama pránáyáma

RESPIRAÇÃO TORÁCICA COM BANDHAS

Sem ritmo

↑	Púraka	Inspirar projetando a parte alta do tórax para frente e para cima, elevando o queixo.
O	Kúmbhaka	Reter o ar executando *jíhva bandha*.
↓	Rechaka	Expirar retraindo a parte alta do tórax, levando o queixo de encontro ao peito.
×	Shúnyaka	Manter pulmões vazios executando *bandha traya*.

14. Bandha uttama kúmbhaka pránáyáma

RESPIRAÇÃO TORÁCICA RITMADA COM BANDHAS

Ritmo: 1-2-1

↑	Púraka	Inspirar projetando a parte alta do tórax para frente e para cima, elevando o queixo e contando um tempo.
O	Kúmbhaka	Reter por alguns segundos, executando *jíhva bandha* contando dois tempos.
↓	Rechaka	Expirar retraindo a parte alta do tórax, levando o queixo ao peito contando um tempo.
×	Shúnyaka	Manter pulmões vazios com tempo livre, executando *bandha traya*.

15. Rája pránáyáma

RESPIRAÇÃO COMPLETA
Sem ritmo

↑	Púraka	Inspirar projetando o abdômen para fora, em seguida, as costelas para os lados e finalmente, dilatando a parte alta mais alta do tórax.
O	Kúmbhaka	Reter o ar nos pulmões por alguns segundos.
↓	Rechaka	Expirar soltando o ar primeiro da parte alta, depois da parte média e finalmente da parte baixa dos pulmões.
✕	Shúnyaka	Não há.

· ·

16. Bandha pránáyáma

RESPIRAÇÃO COMPLETA COM BANDHAS
Sem ritmo

↑	Púraka	Inspirar preenchendo partes baixa, média e alta dos pulmões, tombando a cabeça para trás.
O	Kúmbhaka	Reter o ar executando *jíhva bandha*.
↓	Rechaka	Expirar retraindo partes alta, média e baixa dos pulmões, tombando a cabeça para frente.
✕	Shúnyaka	Manter pulmões vazios executando *bandha traya*.

17. Kúmbhaka pránáyáma

RESPIRAÇÃO COMPLETA COM RITMO
Ritmo 1-4-2

↑	Púraka	Inspirar preenchendo partes baixa, média e alta dos pulmões, contando um tempo.
O	Kúmbhaka	Reter o ar nos pulmões, contando quatro tempos.
↓	Rechaka	Expirar retraindo partes alta, média e baixa dos pulmões, contando dois tempos.
✗	Shúnyaka	Não há.

18. Kevala kúmbhaka pránáyáma

RETENÇÃO DO ALENTO
Sem ritmo

↑	Púraka	Inspirar naturalmente. Não se deve inspirar com a intenção de reter o ar depois.
O	Kúmbhaka	Reter o ar nos pulmões o maior tempo possível, sem exagero.
↓	Rechaka	Expirar naturalmente.
✗	Shúnyaka	Não há (também pode ser feito com a retenção em *shúnyaka*, ao invés de *kúmbhaka*).

19. Bandha kúmbhaka pránáyáma

Respiração completa ritmada com bandhas
Ritmo 1-4-2-1

↑ Púraka	Inspirar preenchendo partes baixa, média e alta dos pulmões, tombando a cabeça para trás, contando um tempo.
O Kúmbhaka	Reter o ar executando *jíhva bandha*, contando quatro tempos.
↓ Rechaka	Expirar retraindo partes alta, média e baixa dos pulmões, tombando a cabeça para frente, contando dois tempos.
✕ Shúnyaka	Manter pulmões vazios executando *bandha traya*, contando um tempo.

20. Manasika pránáyáma

Respiração completa com mentalização
Sem ritmo

↑ Púraka	Inspirar lentamente e imaginar com nitidez uma forte luz dourada penetrando as narinas.
O Kúmbhaka	Reter o ar visualizando essa energia sendo absorvida pelos alvéolos, penetrando a corrente sanguínea e revitalizando cada célula.
↓ Rechaka	Expirar mentalizando o corpo irradiante como o sol.
✕ Shúnyaka	Não há.

21. Báhya kúmbhaka pránáyáma

RETENÇÃO VAZIA
Sem ritmo

↑	Púraka	Fazer uma inspiração completa.
O	Kúmbhaka	Não há.
↓	Rechaka	Expirar lentamente.
✕	Shúnyaka	Reter sem ar o maior tempo possível, sem exagero.

22. Nádí shodhana pránáyáma

RESPIRAÇÃO ALTERNADA
Sem ritmo

↑	Púraka	Fazer uma inspiração completa pela narina esquerda, obstruindo a direita.
O	Kúmbhaka	Reter o ar nos pulmões por um bom tempo.
↓	Rechaka	Expirar pela narina direita, obstruindo a esquerda.
✕	Shúnyaka	Não há.

Repetir desde o começo, invertendo as narinas.

23. Nádí shodhana kúmbhaka pránáyáma

RESPIRAÇÃO ALTERNADA COM RITMO
Ritmo: 1-4-2

↑	Púraka	Fazer uma inspiração completa pela narina esquerda, contando um tempo.
O	Kúmbhaka	Reter o ar contando quatro tempos.
↓	Rechaka	Expirar pela narina direita, contando dois tempos.
✕	Shúnyaka	Não há.

Repetir desde o começo, invertendo as narinas.

24. Manasika nádí shodhana pránáyáma

RESPIRAÇÃO ALTERNADA EXECUTADA MENTALMENTE
Sem ritmo

↑	Púraka	Fazer uma inspiração completa, imaginando uma intensa luz penetrando a narina esquerda.
O	Kúmbhaka	Reter o ar visualizando a energia impregnando todo o corpo.
↓	Rechaka	Expirar imaginando a luz saindo pela narina direita.
✕	Shúnyaka	Não há.

Repetir desde o começo, invertendo as narinas, mas sem obstruí-las.

184 | Respiração, Yoga e Autoconhecimento

25. Súrya pránáyáma

RESPIRAÇÃO PELA NARINA POSITIVA OU SOLAR
Sem ritmo

↑ Púraka	Fazer uma inspiração completa pela narina positiva (direita dos homens e esquerda das mulheres), obstruindo a outra.
O Kúmbhaka	Não há.
↓ Rechaka	Expirar pela mesma narina, com a outra ainda obstruída.
✕ Shúnyaka	Não há.

26. Manasika súrya pránáyáma

RESPIRAÇÃO SOLAR EXECUTADA MENTALMENTE
Sem ritmo

↑ Púraka	Inspirar mentalizando uma forte luminosidade de cor alaranjada entrando pela narina positiva, sem obstruir qualquer narina.
O Kúmbhaka	Não há.
↓ Rechaka	Expirar mentalizando a saída da luminosidade pela mesma narina, sem obstrução de narinas.
✕ Shúnyaka	Não há.

27. Chandra pránáyáma

RESPIRAÇÃO PELA NARINA NEGATIVA OU LUNAR
Sem ritmo

↑ Púraka		Fazer uma inspiração completa pela narina negativa (esquerda dos homens e direita das mulheres), obstruindo a outra.
O Kúmbhaka		Não há.
↓ Rechaka		Expirar pela mesma narina, com a outra ainda obstruída.
✕ Shúnyaka		Não há.

· ·

28. Manasika chandra pránáyáma

RESPIRAÇÃO LUNAR EXECUTADA MENTALMENTE
Sem ritmo

↑ Púraka		Inspirar mentalizando uma forte luminosidade de cor azul celeste entrando pela narina negativa, sem obstruir qualquer narina.
O Kúmbhaka		Não há.
↓ Rechaka		Expirar mentalizando a saída da luminosidade pela mesma narina, sem obstrução de narinas.
✕ Shúnyaka		Não há.

186 | Respiração, Yoga e Autoconhecimento

29. Súryabheda pránáyáma

RESPIRAÇÃO ALTERNADA COM INSPIRAÇÃO SOLAR
Sem ritmo

↑	Púraka	Inspirar pela narina positiva (direita dos homens e esquerda das mulheres), obstruindo a outra.
O	Kúmbhaka	Reter o alento executando *jalándhara bandha* (queixo pressionando o peito).
↓	Rechaka	Trazer a cabeça de volta ao prolongamento da coluna e expirar pela narina negativa, obstruindo a outra.
✕	Shúnyaka	Não há.

30. Chandrabheda pránáyáma

RESPIRAÇÃO ALTERNADA COM INSPIRAÇÃO LUNAR
Sem ritmo

↑	Púraka	Inspirar pela narina negativa (esquerda dos homens e direita das mulheres), obstruindo a outra.
O	Kúmbhaka	Reter o alento executando *jalándhara bandha*.
↓	Rechaka	Trazer a cabeça de volta ao prolongamento da coluna e expirar pela narina positiva, obstruindo a outra.
✕	Shúnyaka	Não há.

31. Súryabheda kúmbhaka

RESPIRAÇÃO ALTERNADA COM INSPIRAÇÃO SOLAR
Ritmo: 1-4-2-1

↑ Púraka	Inspirar pela narina positiva obstruindo a outra, contando um tempo.
O Kúmbhaka	Reter o alento executando *jalándhara bandha*, contando quatro tempos.
↓ Rechaka	Trazer a cabeça de volta e expirar pela narina negativa, contando dois tempos.
✕ Shúnyaka	Manter pulmões vazios executando *uddiyana bandha* e *múla bandha*, contando um tempo.

32. Bhastriká

RESPIRAÇÃO DO SOPRO RÁPIDO.
Ritmo acelerado.

↑ Púraka	Inspirar pelas duas narinas bem rápido e forte em meio segundo ou menos, produzindo um ruído alto.
O Kúmbhaka	Não há.
↓ Rechaka	Expirar pelas duas narinas bem rápido e forte em meio segundo ou menos, produzindo um ruído alto.
✕ Shúnyaka	Não há.

33. Súrya bhastriká

Respiração do sopro rápido pela narina solar.
Ritmo acelerado.

↑ Púraka	Inspirar pela narina positiva bem rápido e forte em meio segundo ou menos, produzindo um ruído alto.
O Kúmbhaka	Não há.
↓ Rechaka	Expirar pela narina positiva bem rápido e forte em meio segundo ou menos, produzindo um ruído alto.
X Shúnyaka	Não há.

34. Chandra bhastriká

Respiração do sopro rápido pela narina lunar.
Ritmo acelerado.

↑ Púraka	Inspirar pela narina negativa bem rápido e forte em meio segundo ou menos, produzindo um ruído alto.
O Kúmbhaka	Não há.
↓ Rechaka	Expirar pela narina negativa bem rápido e forte em meio segundo ou menos, produzindo um ruído alto.
X Shúnyaka	Não há.

35. Nádí shodhana bhastriká

RESPIRAÇÃO DO SOPRO RÁPIDO ALTERNADO.
Ritmo acelerado.

↑ Púraka	Inspirar pela narina esquerda bem rápido e forte em meio segundo ou menos, produzindo um ruído alto, obstruindo a direita.
○ Kúmbhaka	Não há.
↓ Rechaka	Expirar pela narina direita bem rápido e forte em meio segundo ou menos, produzindo um ruído alto, obstruindo a esquerda.
✗ Shúnyaka	Não há.

Repetir desde o começo, invertendo as narinas.

36. Kapalabhati

RESPIRAÇÃO DO SOPRO LENTO.
Expiração acelerada.

↑ Púraka	Inspirar lenta e profundamente.
○ Kúmbhaka	Não há.
↓ Rechaka	Expirar pelas duas narinas bem rápido e forte em aproximadamente meio segundo, produzindo um ruído alto.
✗ Shúnyaka	Não há.

190 | Respiração, Yoga e Autoconhecimento

37. Súrya kapalabhati

Respiração do sopro lento pela narina solar.
Expiração acelerada.

↑	Púraka	Inspirar profundamente pela narina positiva.
O	Kúmbhaka	Não há.
↓	Rechaka	Expirar pela narina positiva bem rápido e forte em aproximadamente meio segundo, produzindo um ruído alto.
X	Shúnyaka	Não há.

38. Chandra kapalabhati

Respiração do sopro lento pela narina lunar.
Expiração acelerada.

↑	Púraka	Inspirar profundamente pela narina negativa.
O	Kúmbhaka	Não há.
↓	Rechaka	Expirar pela narina negativa bem rápido e forte em aproximadamente meio segundo, produzindo um ruído alto.
X	Shúnyaka	Não há.

Anexo | 191

39. Nádí shodhana kapalabhati

RESPIRAÇÃO DO SOPRO LENTO ALTERNADO.
Expiração acelerada.

↑ Púraka	Inspirar pela narina esquerda obstruindo a direita.
O Kúmbhaka	Não há.
↓ Rechaka	Expirar pela narina direita bem rápido e forte em aproximadamente meio segundo.
✕ Shúnyaka	Não há.

Repetir desde o começo, invertendo as narinas.

40. Mantra pránáyáma

RESPIRAÇÃO RITMADA COM EMISSÃO DE MANTRA.
Ritmo 1-2-3.

↑ Púraka	Inspirar mentalizando a absorção do prána e sua canalização pelas nádís, diretamente para o *ájna chakra*, contando um tempo.
O Kúmbhaka	Reter o ar em dois tempos visualizando o *ájna chakra* brilhando, girando no sentido dextrogiro e crescendo em seu diâmetro.
↓ Rechaka	Expirar emitindo o mantra *OM*, em três tempos.
✕ Shúnyaka	Não há.

192 | Respiração, Yoga e Autoconhecimento

41. Omkára pránáyáma

RESPIRAÇÃO RITMADA COM *MANASIKA MANTRA.*
Ritmo 1-4-2.

↑ Púraka	Inspirar contando um tempo, mas ao invés de segundos, contar com repetições do *manasika mantra OM*. Os mais adiantados podem associar a visualização do omkara. ॐ ॐ ॐ
O Kúmbhaka	Reter o ar contando quatro tempos, contando da mesma forma. ॐ ॐ ॐ ॐ ॐ ॐ ॐ ॐ ॐ ॐ ॐ ॐ
↓ Rechaka	Expirar em dois tempos, ainda contando com o mantra *OM*. ॐ ॐ ॐ ॐ ॐ ॐ
✕ Shúnyaka	Não há.

42. Sopro HA

Respiração com expiração forte pela boca emitindo som alto.

Sem ritmo.

↑ Púraka	Em pé, com as pernas ligeiramente afastadas e joelhos semiflexionado, inspirar elevando os braços para frente e para cima.
O Kúmbhaka	Reter o ar por um segundo.
↓ Rechaka	Expirar todo o ar dos pulmões em menos de um segundo, energicamente, jogando os braços, tronco e cabeça para frente, emitindo o som HA.
✕ Shúnyaka	Não há.

43. Ujjáyí pránáyáma

Respiração com contração da glote.

Sem ritmo.

↑ Púraka	Inspirar pelas narinas, contraindo a glote, fazendo um leve ruído semelhante ao do ressonar, mas suave.
O Kúmbhaka	Reter o ar nos pulmões com a glote totalmente fechada e *jalándhara bandha* (queixo no peito).
↓ Rechaka	Expirar pelas narinas, contraindo a glote e produzindo o mesmo ruído suave do atrito do ar com as vias respiratórias.
✕ Shúnyaka	Não há.

44. Shítálí pránáyáma

RESPIRAÇÃO COM A LÍNGUA EM CALHA.
Sem ritmo.

↑	Púraka	Colocar a língua em forma de calha entres os dentes semicerrados e inspirar pela boca, fazendo o ar penetrar pelo canal formado pela língua.
○	Kúmbhaka	Reter o ar durante alguns segundos.
↓	Rechaka	Expirar pelas narinas.
✕	Shúnyaka	Não há.

45. Shítkárí pránáyáma

RESPIRAÇÃO COM A LÍNGUA E OS DENTES.
Sem ritmo.

↑	Púraka	Inspirar pela boca cerrando os dentes e deixando os lábios entreabertos e a língua levemente encostada por trás dos dentes incisivos superiores, fazendo o ar passar por entre os dentes e a língua.
○	Kúmbhaka	Reter o ar durante alguns segundos.
↓	Rechaka	Expirar pelas narinas.
✕	Shúnyaka	Não há.

Anexo | 195

46. Bhrámárí pránáyáma

RESPIRAÇÃO COM O SOM DO RUÍDO DE UMA ABELHA.
Sem ritmo.

↑ Púraka	Inspirar pelas narinas contraindo a glote como no *ujjáyí*.
O Kúmbhaka	Não há.
↓ Rechaka	Expirar lentamente, produzindo um zumbido semelhante ao de uma abelha.
✗ Shúnyaka	Não há.

47. Múrchhá pránáyáma

RESPIRAÇÃO COM CONTRAÇÃO DA GLOTE E LONGA RE-
TENÇÃO DO AR.
Sem ritmo.

↑ Púraka	Inspirar como no *ujjáyí*.
O Kúmbhaka	Reter o ar nos pulmões por muito tempo, com *jalándhara bandha*.
↓ Rechaka	Expirar lentamente.
✗ Shúnyaka	Reter sem ar executando *múla bandha*.

48. Plavíní pránáyáma

RESPIRAÇÃO COM DEGLUTIÇÃO DE AR.

Sem ritmo.

↑	Púraka	Inspirar deglutindo o ar como se fosse água, enchendo o estômago de ar.
O	Kúmbhaka	Não há.
↓	Rechaka	Expirar eructando.
✕	Shúnyaka	Não há.

49. Sama vritti pránáyáma

RESPIRAÇÃO DOS CINCO SEGUNDOS.

Ritmo: 1-1-1-0

↑	Púraka	Inspirar em cinco segundos.
O	Kúmbhaka	Reter por cinco segundos.
↓	Rechaka	Expirar em cinco segundos.
✕	Shúnyaka	Não há.

Anexo | 197

50. Visama vritti pránáyáma

RESPIRAÇÃO COMPLETA E RITMADA
EM TRÊS RITMOS DIFERENTES.

Ritmo: 1-4-2 / 2-4-1 / 4-2-1

↑ Púraka	Inspirar contando um tempo no primeiro ciclo, dois no segundo e quatro no terceiro.
○ Kúmbhaka	Reter o ar nos pulmões, contando quatro tempos no primeiro ciclo, quatro no segundo e dois no terceiro.
↓ Rechaka	Expirar contando dois tempos no primeiro ciclo, um no segundo e um no terceiro.
✕ Shúnyaka	Retenção sem ar é livre.

51. Chaturánga pránáyáma

RESPIRAÇÃO QUADRADA.

Ritmo: 1-1-1-1

↑ Púraka	Inspirar em um tempo.
○ Kúmbhaka	Reter com ar em um tempo.
↓ Rechaka	Expirar em um tempo.
✕ Shúnyaka	Reter sem ar também em um tempo.

198 | Respiração, Yoga e Autoconhecimento

52. Viloma pránáyáma

RESPIRAÇÃO COM INSPIRAÇÃO INTERVALADA.

Sem ritmo

↑ Púraka	Inspirar durante dois segundos e fazer uma pausa de outros dois. Continuar inspirando mais dois segundos e fazer nova pausa. Continuar o processo até preencher totalmente os pulmões.
○ Kúmbhaka	Reter o ar durante cinco a dez segundos, executando o *múla bandha*.
↓ Rechaka	Expirar de forma lenta e contínua.
✕ Shúnyaka	Não há.

. . . .

53. Anuloma pránáyáma

RESPIRAÇÃO COM EXPIRAÇÃO ALTERNADA.

Sem ritmo

↑ Púraka	Inspirar como em *ujjáyí pránáyáma*.
○ Kúmbhaka	Reter o ar durante cinco a dez segundos, executando o *múla bandha* (contração dos esfíncteres) e obstruindo as duas narinas.
↓ Rechaka	Expirar alternando as narinas. No primeiro ciclo, expire lentamente pela narina esquerda, obstruindo a direita. No segundo ciclo, o inverso. E assim sucessivamente.
✕ Shúnyaka	Não há.

54. Pratiloma pránáyáma

RESPIRAÇÃO ALTERNADA COM INSPIRAÇÃO CONTROLADA.
Sem ritmo

↑	Púraka	Inspirar obstruindo totalmente a narina esquerda e parcialmente a direita, controlando o ar que entra. No ciclo seguinte, fazer o inverso.
○	Kúmbhaka	Reter o ar durante cinco a dez segundos executando o *múla bandha* e pressionando as duas narinas.
↓	Rechaka	Expirar pelas duas narinas como em ujjáyí.
✕	Shúnyaka	Não há.

· ·

55. Chakra pránáyáma

RESPIRAÇÃO PARA ATIVAR OS CHAKRAS.
Ritmo: 1-4-2

↑	Púraka	Inspirar em um tempo, marcando-o com o bíja *mantra LAM* no primeiro ciclo, *VAM* no segundo, *RAM* no terceiro, *YAM* no quarto, *YAM* no quinto e *OM* no sexto.
○	Kúmbhaka	Reter o ar contando quatro tempos com os mesmos *bíja mantras*.
↓	Rechaka	Expirar em dois tempos, contando da mesma forma.
✕	Shúnyaka	Não há.

56. Kundaliní pránáyáma

RESPIRATÓRIO PARA ATIVAR A KUNDALINÍ

Sem ritmo

↑	Púraka	Fazer uma inspiração pela narina negativa, obstruindo a positiva e mentalizando que o *prána* penetra por *idá* e que desce serpenteando em torno da coluna vertebral até o *múládhára chakra.*
○	Kúmbhaka	Reter o ar nos pulmões mentalizando que o prána chegou ao *múládhára chakra* e vitalizou a *kundaliní.* Imaginar que o oxigênio a estimulou e a acendeu mais. Visualizar que a *kundaliní* ativou o *múládhára chakra* e começou a subir pela *sushumná nádí.*
↓	Rechaka	Expirar pela narina positiva, obstruindo a outra e mentalizando que um jato de luz dourada está desobstruindo o canal da *sushumná nádí* desde o *múládhára* até o *swádhisthána chakra.*
✕	Shúnyaka	Não há.

Repetir desde o começo, invertendo as narinas e completando o primeiro ciclo. No segundo ciclo, a *kundaliní* ativa o *swádhisthána chakra* e o jato de luz desobstrui o canal até o *manipura chakra*. E assim sucessivamente, até o último, o *sahásrara chakra*.

57. Shiva-Shaktí pránáyáma

RESPIRATÓRIO TÂNTRICO DE SHIVA E SUA CONSORTE.
Sem ritmo

↑	Púraka	Sentando-se em *siddhásana* frente a frente com um parceiro do sexo oposto e com as mãos em *átmam mudrá*, aproximar as narinas das do parceiro sem tocar e inspirar o alento dele enquanto ele expira.
○	Kúmbhaka	Não há.
↓	Rechaka	Expirar enquanto o parceiro inspira.
✕	Shúnyaka	Não há.

58. Tántrika pránáyáma

RESPIRATÓRIO TÂNTRICO PARA ATIVAR OS CHAKRAS.
Ritmo: 1-4-2

↑ Púraka	Sentando-se em *siddhásana* frente a frente com um parceiro do sexo oposto e com as mãos em *pronam mudrá*, atritar as palmas das mãos e depois manter a palma da mão esquerda em contato com a palma da mão esquerda do parceiro. Inspirar em um tempo, marcando-o com o *bíja mantra LAM* no primeiro ciclo, *VAM* no segundo, *RAM* no terceiro, *YAM* no quarto, *YAM* no quinto e *OM* no sexto. A palma da mão direita deve atritar moderadamente a região do *chakra* correspondente ao *bíja mantra* que estiver sendo realizado.
O Kúmbhaka	Reter o ar contando quatro tempos com os mesmos *bíja mantras* e mantendo o atrito na região do *chakra*.
↓ Rechaka	Expirar em dois tempos, contando da mesma forma e ainda estimulando o *chakra*.
✕ Shúnyaka	Não há.

Bibliografia

Obras que fundamentam os conceitos de Yoga, anatomia e fisiologia da respiração abordados neste livro.

Avalon, Arthur. *El Poder Serpentino*. Editorial Kier.

Blay, Antonio. *Tantra Yoga*. Iberia.

Caramella, Edgardo. *La dieta Del Yôga*. Kier, Buenos Aires.

Castro, Rosângela. *Gourmet vegetariano*. Nobel.

Costanzo, Linda. *Physiology*. Lippincott Williams & Wilkins.

DeRose. *Chakras e kundaliní*. Nobel.

_____. *Karma e dharma – transforme a sua vida*. Nobel.

_____. *Tratado de Yôga*. Nobel (Brasil).

_____. *Yôga Sútra de Pátañjali*. Uni-Yôga.

Eliade, Mircea. *Pátañjali y el Yoga*. Editora Paidós.

_____. *Yoga, imortalidade e liberdade*. Editora Palas Athena.

Feuerstein, Georg. *A tradição do Yoga*. Pensamento.

Flores, Anahí. *Coreografias*. edição da autora.

Flores, Melina. *Técnicas corporais do Yôga Antigo*. edição da autora.

Kastberger. *Léxico de Filosofia Hindu*. Editorial Kier.

Lehninger, Albert L.; Nelson, David; Cox, Michael. *Legninger Principles of Biochemistry*. Hardcover.

Melo, Ricardo e Caio. *O Poder do mantra*. edição dos autores.

Michaël, Tara. *O Yoga*. Zahar Editores.

204 | Respiração, Yoga e Autoconhecimento

Monier-Williams. *Sanskrit-English Dictionary.* Oriental Publishers.

Santos, Sérgio. *Yôga, Sāmkhya e Tantra.* Uni-Yôga.

_____. *A força da gratidão.* Uni-Yôga / Nobel.

Seikel, Anthony; King, Douglas; Drumright, David. *Anatomy and physiology for speech, language and hearing.* Thomson Delmar Learning.

Shivánanda. *Autobiografia.* Pensamento.

_____. *Hatha Yoga.* Editorial Kier.

_____. *Japa Yoga.* Edição do Shivánanda Ashram.

_____. *Kundaliní Yoga.* Editorial Kier.

_____. *Pránáyáma.* Pensamento.

_____. *Tantra Yoga, Náda Yoga e Kriyá Yoga.* Editorial Kier.

Silva, Lucila. *Léxico de Yôga Antigo.* edição da autora.

Souchard, Philippe-Emmanuel. *Respiração.* Summus Editorial.

Sukkar, Munshid e Ardawi. *Concise Human Physiology.* Blackwell Science.

Van Lysebeth, André. *Tantra, o Culto da Feminilidade.* Summus Editorial.

Woodroffe, Sir John. *Principios del Tantra.* Editorial Kier.

_____. *Shaktí y Shakta.* Editorial Kier.

Dicas de leitura

Dicas de leitura

DR. PAULO VALZACCHI

HO'O
PONO
PONO

O SEGREDO HAVAIANO PARA A
SAÚDE, PAZ E PROSPERIDADE

NOVA SENDA

Dicas de leitura

Dicas de leitura

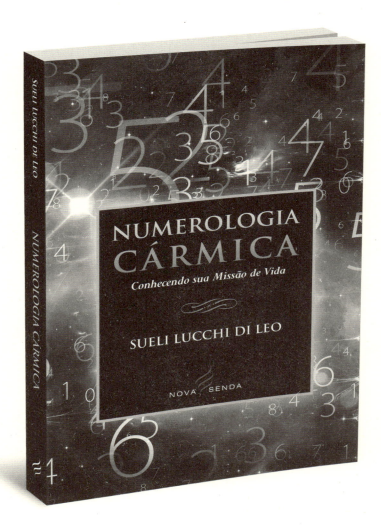